Winnie Musil ~ Vimaladevi

# Numerologie der Seele

Der persönliche Schlüssel
zur Botschaft deines Namens

# WINDPFERD

1. Auflage 2004
© Windpferd Verlagsgesellschaft mbH., Aitrang
Alle Rechte vorbehalten
Lektorat: Silke Kleemann
Umschlaggestaltung: Peter Krafft Designagentur, Bad Krozingen
Gesamtherstellung: Schneelöwe, D-87648 Aitrang
www.windpferd.de

ISBN 3-89385-456-8

Printed in Germany

# Inhalt

*Ich widme dieses Buch meinem verehrten Meister*
*PARAMHANS SWAMI MAHESHWARANANDA*
*in Dankbarkeit, Freude und Liebe*

*~ Vimaladevi ~*

# Vorwort

Seit mehr als einem Jahrzehnt erfüllen esoterische Weisheitslehren meine Sehnsucht nach Erkenntnis. Als besonders wertvollen Wegbegleiter habe ich die Numerologie schätzen und nutzen gelernt. Die Erinnerung an Schulzeiten und Mathematik-Stunden ist zwar inzwischen etwas verblasst, ich denke aber gerne an die freudigen Momente zurück, wenn ich zu einem stimmigen Ergebnis kam, wenn eine lange Zahlenspielerei auf eine einfache Lösung gebracht werden konnte.

Aber keine Angst, auch wenn Mathematik nicht zu deinen Lieblingsfächern zählte – für die Namens-Berechnungen bedarf es keiner rechnerischer Höchstleistungen.
Die Zahlendeutungslehre ist, ebenso wie das Tarot, aus der alten Weisheit der Kabbalistik hervorgegangen.

Wie alle über lange Zeit hinweg verwendeten Systeme, erlebte auch die Numerologie viele Veränderungen und Anpassungen an den aktuellen Bedarf. Viele weise Frauen und Männer haben ihre Eingebungen und Erfahrungen eingebracht, und so bietet sich uns heute eine verwirrende Auswahl verschiedener Deutungsvarianten an. Manche Interpretationen scheinen sich zu widersprechen, doch letztendlich führen alle zum selben Ziel.

Unsere innere Führung lässt uns immer und bei allem den für uns geeigneten Weg finden – er besteht wie ein Puzzlespiel aus verschiedenen Teilen unterschiedlichster Lehren.

Auf den Berg der Erkenntnis führen sehr viele Wege – so viele Wege, wie es Menschen gibt. Einige Wege sind für dich und deine Vorhaben besser geeignet als andere: Wenn du beispielsweise mit einem Jeep auf den Berggipfel möchtest, wirst du auf den Forststraßen bleiben müssen und die Klettersteige werden für dich nicht in Frage kommen. Das Netzwerk von Wegen bietet für jeden mindestens eine Möglichkeit, den Berg zu ersteigen. Dein Weg ist anders als der deines Bergkameraden, ebenso wie der Berg von jeder Himmelsrichtung aus betrachtet anders aussieht – und doch immer derselbe Berg bleibt.

Ich habe in den letzten Jahren viele Wegstücke und Bergpfade kennen gelernt ... und mit jeder Erkenntnis wird das Bild klarer, das Ziel deutlicher und die Augenblicke häufen sich, wo die Wege zusammenfinden. Die eigenen Grenzen lösen sich auf und neue Horizonte laden dazu ein, weiterzufragen, sich noch weiter vorzuwagen, Neues – und doch Uraltes – zu entdecken und dieses Wissen auch anderen als Bereicherung für ihre Suche zu schenken.

Durch die numerologische Deutung meines Namens, die sich auch durch andere Erkenntnismethoden – Astrologie, Tarot und Meditationen – mitteilte, wurde ich mir meiner Aufgabe als „Wissenssammler und Bote" bewusst, und eines der Resultate dieser Einsicht ist dieses System zur Namensdeutung, das ich mit Hilfe meiner geistigen Freunde aus der Zahlenlehre entwickeln durfte.

Im Gegensatz zu meinem ersten Buch, das die Numerologie für die Auswahl des passenden Steinbegleiters beschreibt, habe ich jetzt die Anredeform DU gewählt, da es bei diesem Thema um Vornamen geht, wodurch ein persönlicherer Gesprächsrahmen gegeben ist.

Die Botschaft der Zahlen spricht vor allem unsere rationale Seite an und zeigt unserer Selbstsuche verstehbare und somit leicht annehmbare Wege.

Wie die meisten Deutungssysteme bietet dir die Numerologie Einsicht in den Sinn und die Aufgaben deines Lebens.

In diesem Buch erwartet dich eine genaue Darstellung der Berechnungen, die für die Deutung deines Vornamens erforderlich sind. Für 59 Namen habe ich eine Gesamtdeutung erstellt. Sollte dein Name nicht dabei sein, kannst du ihn mit dem hier genannten Zahlenschlüssel, den Rechenformeln und den Einzelelementen der Namensdeutungen (wie bei einem Baukastensystem) leicht selbst deuten.

Mit jeder Berechnung und Deutung wirst du viele Einsichten gewinnen. Zu Beginn wird dich wohl dein eigener Name und seine Botschaft am meisten interessieren. Du wirst vieles bestätigt finden, was du – oder ein Teil von dir – bereits weißt oder fühlst. Manche Inhalte mögen dich überraschen, sieh sie als neue Chance und erobere diese Möglichkeiten für dich. Und lass dich nicht von der scheinbaren Ferne und Unerreichbarkeit mancher Ziele entmutigen – mit jedem Schritt in diese Richtung kommst du ihnen – und somit deiner Erfüllung und Selbstverwirklichung – näher.

Je öfter du das numerologische Wissen anwendest, desto besser wirst du mit dieser Sprache umgehen können. Es ist wie bei allen Sprachen: zuerst müssen Vokabeln und Grammatik gelernt und geübt werden, dann steht man vor mühsamen Übersetzungsarbeiten; aber mit jeder Übersetzung wird dein Verständnis für die Sprache und ihre Aussagen umfassender.

Wenn du jemand anderem einen Einblick in die Botschaft seines Namens geben möchtest und dir seiner/ihrer spirituellen Orientierung nicht sicher bist, wird es manchmal passender sein, aus der Definitionsweite die weltlicheren Begriffe auszuwählen. Nicht jeder Mensch will sich für ein spirituelles Leben entscheiden.

Bedenke jedoch immer, dass jede Deutung animieren, motivieren und inspirieren will, dass also immer hohe Ziele als erreichbare Möglichkeiten genannt werden möchten.


*Ich wünsche dir viele Einsichten und Selbsterkenntnisse durch die Botschaft deines Namens.*

# NUMEROLOGISCHE NAMENSDEUTUNG

### Was ist Numerologie?

Die Numerologie ist die Symbolsprache der Zahlenentsprechungen.

Dieses System von Zuordnungen/Gleichheiten begegnet uns in vielen Weisheitslehren, z. B. entspricht dem Muladhara-Chakra (Wurzel-Chakra) die Farbe Rot; diese Farbe wird in der Astrologie dem Planeten Mars zugeordnet, in der Elementlehre dem Feuer etc. – so entstehen Assoziationsketten, die ein weiteres „Ergebnis", eine Schlussfolgerung – eben die Bedeutung – zulassen; ähnlich wie bei einer mathematischen Gleichung: $a + b = c$. Vieles in der Numerologie ist so einfach wie die Grundrechenarten und daher leicht verständlich und annehmbar.

Die Namensdeutung basiert auf einer Zahlenreihe, in der jeder Ziffer bestimmte Qualitäten zugeordnet sind, wobei diese Zuordnungswahl (fast) immer nachvollzogen werden kann. Als Beispiel: A entspricht der Zahl 1; 1 symbolisiert das Ich, die Willens- und Tatkraft, vom Ego bis zum selbstlosen Handeln. 2 steht für das Du; 3 für das Wir und 0 für die Ewigkeit, für Gott, und im irdischen Sinn für Neues („bei Null beginnen").

### Eine Vielzahl von Varianten

Wie bereits im Vorwort angesprochen, gibt es viele verschiedene numerologische Systeme, sodass sich natürlich die Frage stellt, welches nun „das Richtige" ist.

Das kannst du sehr leicht feststellen: Alles, was dich anspricht und neugierig macht, hat eine Botschaft für dich und Erkenntnisse, die darauf warten, von dir entdeckt und genutzt zu werden. Alles, was dich nicht besonders berührt, wird wohl (zur Zeit) kein passender Wegweiser für dich sein.

## Richtig deuten

Die intuitive Auswahl ist – wie bei allen Deutungssystemen – immer die beste Annäherungsweise. Alles, was besonders schön klingt – auch wenn es im Moment unvorstellbar erscheinen mag -, und alles, was dich innerlich sagen lässt: „Nein, nur das nicht!", ist der zur Zeit richtige Hinweis für dich.

Die Bandbreite der Begriffe ermöglicht es, zwischen eher „irdischen" bis hin zu „spirituellen" Qualitäten zu wählen. Wie bei allen Deutungssystemen möchten die Ausführungen Licht in unsere Suche bringen. Daher laden dich die höheren Qualitäten ein, sie als dein Ziel anzuerkennen und anzunehmen – und jeder Schritt in diese Richtung wird ein wertvoller Beitrag zur Erfüllung deiner Lebensaufgaben sein.

Bis zu welcher Entwicklungsstufe und in welchem Tempo wir unsere Vorhaben verwirklichen, liegt an unseren freien Willensentscheidungen und entzieht sich somit jeder Deutung.

Mit jedem Gefühl und jedem Gedanken, den du auf dein Ziel richtest, nährst du das, was kommen möchte. Je mehr du heute wünschst, strebst und Energie in deine Zukunftsvorstellung investierst, desto mehr wird morgen davon wahr sein. Je bewusster du hohe Ziele wählst und je lichter du dein Heute gestaltest, desto heller wird dein Morgen sein.

## Die Namenswahl

Da wir alle unsere Lebensbedingungen vor Eintritt in diese Welt selbst erwählen und damit den Rahmen schaffen für jene Lernschritte, die unsere Seele in dieser Inkarnation weiterführen sollen, haben wir auch unsere Namen „voraus"-bestimmt.

Wir meinen zwar, dass unsere Namen von unseren Eltern „erfunden" seien, doch beim Prozess der Namensfindung kann von uns nur so viel erfunden werden, wie gefunden werden soll, d.h. unsere Seele bestimmt ihren Namen – sozusagen als verschlüsselten Fahrplan, den sie für diese Inkarnation mitnimmt. Dieser Name wird den Eltern vermittelt, entweder in Träumen oder direkt auf unterbewusster Ebene, die als Aktionsbereich des Seelischen grenzenlose Möglichkeiten offen hält. Die Eltern fühlen sich plötzlich von diesem Namen angesprochen – er erzeugt eine positive Resonanz in ihnen und vor allem in der Seele des Kindes – und schon ist die Namenswahl im Irdischen vollzogen.

Nichts in dieser Welt ist ein Produkt des Zufalls, alles hat seinen tieferen Sinn, seine Bedeutung – ebenso ist es mit unseren Namen.

### Der Vorname – der Name unserer Seele

Unser Vorname/Taufname bietet uns einen Einblick in unsere Lernaufgaben, unsere Wesenselemente und Ziele.

Durch die Erfassung dieser Zahlenbotschaften erkennen wir unsere mitgebrachten Kräfte, die darauf warten, von uns (an)erkannt, entfaltet, genutzt und vervollkommnet zu werden.

### Vor- und Zuname

Die Zahlensumme von Vor- und Zunamen nennt unsere weltliche Aufgabe, unseren Beitrag zum Wir, zur Gesamtschwingung und zur Evolution dieser Welt.

## Besonderheiten

### Der spirituelle Name

Der spirituelle Name beschreibt unsere spirituellen Lernziele. Die Gliederung in die einzelnen Aufgabenbereiche entfällt, jede Zahl spricht von einer Seelenlektion bzw. -tugend.

Die Deutung eines spirituellen Namens – Yogananda – findest du auf Seite 160.

### Namenswechsel

Bei einer Heirat oder anderen Gelegenheiten von Namenswechseln ändert sich unser Lernrahmen im Außen – also im Zusammenspiel mit unserer Mitwelt -, ebenso wandelt sich unser Rollen- und Aufgabenbild. Durch das Wissen um die Botschaft der Zahlen können wir solche bedeutsamen Lebensabschnittswechsel auch ganz bewusst zu unseren Gunsten mitgestalten.

## Gültigkeitsrahmen

Die Zahlen-/Buchstabenzuordnungen dieses Numerologie-Systems sind für Namen in Deutsch, Englisch und Sanskrit anwendbar.

*Warum diese Begrenzung?*

Jeder Lebensraum hat seine bestimmte Schwingungsfrequenz (= die Summe aller dort befindlichen Lebensenergien). Das, was wir im Urlaub als landestypisch empfinden, ist die Schwingungsebene oder „Aura" eines Volkes bzw. eines Gebietes. Für unsere Inkarnation wählen wir bewusst eine ganz spezifische Atmosphäre, ein bestimmtes Land, einen passenden Kulturkreis, der uns einen optimalen Erfahrungsrahmen bietet. Es gibt keinen Zufall – auch nicht bei der Ortswahl.

Namen, die früher „ausländisch" waren, inzwischen jedoch als **Modenamen** eine weite Verbreitung bei uns finden, sind mit diesem System deutbar, wenn die Person im o.a. Sprachraum lebt.

Sanskrit ist eine uralte Sprache der Weisheit, deren hohe Eigenschwingung in ihrer Symbolik immer und überall als Botschaftsträger Gültigkeit besitzt.

## Gleiche Namen – andere Wege?

Personen mit demselben Vornamen im deutschen und englischen Sprachraum haben ähnliche Lebenspläne, die durch die Bedingungen ihrer Heimatländer verwirklicht werden möchten.

Da aber jeder von uns eine „ganz spezielle Mischung" und einzigartig ist, wird ein Vergleich wenig zielführend sein. Namensgleichheiten weisen nur darauf hin, dass es sich um Lernkollegen, um Mitschüler bei deinen Wahlfächern und Lektionen handelt.

## Dein erster Schritt zur Praxis

Ich empfehle dir, bei den folgenden Zahlenbedeutungen jene Begriffe anzuzeichnen, die dich besonders bewegen, also anziehen oder abschrecken. Solange du noch nicht weißt, welche Zahlen in deinem Namen vorkommen, bist du bei der Wahl unvoreingenommen und hast für die weiteren Auswertungsschritte eine intuitive „Erstwahl" zur Verfügung.

Anhand dieser Erstwahl kannst du auch (am besten erst nach deiner Namensdeutung) deinen aktuellen Stand bestimmen und durch deine Emotionen der Zuneigung und Abneigung viele Selbsterkenntnisse gewinnen. Die Einsicht in deine Widerstände und somit in nicht anerkannte Kräfte oder Lektionen zeigt dir, was du für deine Entwicklung bewusster beachten und bearbeiten solltest.

# DIE ZAHLENBEDEUTUNGEN

**0**    Neues, Offenheit, Wertfreiheit, Leere, Stille, Seele, Ewigkeit, Einssein, Gott

**1**    Ich, Willens- und Tatkraft, Mut, Eigenverantwortlichkeit, Initiative, selbstloses Handeln, YANG-Kraft

**2**    Du, Beziehungsbereitschaft, Lernen aus dem Du, (Ver)Bindung/Partnerschaft, Dualität – Polarität, Selbstergänzung

**3**    Wir, Begegnungsbereitschaft, Friede, Lernen aus dem Wir, Kommunikation/Verständigung, Vereinigung, Wir-Gefühl/geistige Verbundenheit, Vermittler/Bote sein

**4**    Pflichtbewusstsein, (Wandlungs)Arbeit, Strebsamkeit, Fleiß

**5**    Liebe, den Sinn des Lebens im „lieben lernen" erkennen, selbstlos lieben und geben, Erleuchtung/Erlösung

**6**    Innenwendung, Selbstsuche, -erfahrung, -erkenntnis, nachdenken, prüfen und geprüft werden, Selbstbewusstheit, Bewusstwerdung

**7**    Selbstüberwindung, Sieg über das Ego, Selbstbeherrschung, Selbstlosigkeit

**8**    Harmonie, Mitte/Gleichgewicht/innerer Halt, Heilsein, Geborgenheit, Geben und (An)Nehmen in Balance, YIN und YANG

**9**    Toleranz, die Weisheit des Herzens mit der Liebe des Geistes verbinden, Bewusstseinserweiterung

**10**    Veränderungsbereitschaft, (innere) Freiwerdung, loslassen, Mut zu Neuem, als Werkzeug Gottes dienen („Dein Wille geschehe!")

**11** Spiritualität, die innere Stimme an- und erhören, Intuition, Sensitivität, Weisheit der Seele

**12** Vergebung, (Ein)Verständnis, Nächstenliebe, Demut, Hilfs- und Dienstbereitschaft, Sanftmut, Hingabe, Dankbarkeit, YIN-Kraft

**13** Wandlung, Läuterung, Persönlichkeitstransformation, Altes abschließen und bereit werden für Neues

**14** Selbstdisziplin, Vorbild und Lehrer sein, neue Wege finden und zeigen

**15** Selbstakzeptanz, Selbstmeisterung und -verwirklichung, Ganzheit

**16** Lernbereitschaft, (leidvolle) Erfahrungen zu Erkenntnissen umsetzen, lernen und lehren

**17** Glaubenskraft, Idealismus, Wahrheitsliebe, Hoffnung

**18** Klarheit, innere Schatten besiegen (Ängste, Zweifel, Unwissenheit), Ordnung in sich und um sich schaffen, Lichtarbeit

**19** Zufriedenheit, Glück, positives Denken, Freude

**20** Seelenverbundenheit, dem Du wertfrei begegnen, Gott im Du sehen, Beziehung zur Seele/zu Gott

**21** Erfolgsdenken, Ehrgeiz, Karriere

**22** Fantasie, Visionskraft, Träume/Meditation/Astralreisen Magie, die Grenzen des Irdischen überwinden, neue Horizonte und Welten erobern, Inspiration, Öffnung nach innen und oben

# Die Deutung deines Vornamens

## I. Die Theorie

### 1. Zahlenzuordnung

Anhand der folgenden Tabelle kannst du jedem Buchstaben seine Zahlenentsprechung zuordnen:

| | | | |
|---|---|---|---|
| A, Ä | 1 | O, Ö | 16 |
| B | 2 | P, PH | 17 |
| C | 11 | Q | 19 |
| D | 4 | R | 20 |
| E | 5 | S | 21 |
| F | 17 | SCH, SH | 18 |
| G | 3 | T | 9 |
| H, CH | 8 | TH | 22 |
| I, J | 10 | TS, TZ | 18 |
| K | 11 | U, Ü, V, W | 6 |
| L | 12 | X | 15 |
| M | 13 | Y | 10 |
| N | 14 | Z | 7 |

(der Sanskrit-Buchstabe) OM . . . . . . . . . . .0

# 2. Rechensystem

### 1. Additionsregel

Da dieses System mit den Zahlen von 0 – 22 deutet, sind Ziffern, die außerhalb dieses Spielraums liegen, anhand bestimmter Regeln zu behandeln:

- Bei Zahlen über 22 ist die Quersumme zu bilden, bis eine Zahl zwischen 1 und 22 entsteht.

- Bei 3-, 4- und mehrstelligen Ziffern ist folgende Additionsregel anzuwenden: Wenn die ersten beiden Ziffern als 2-stellige Zahl bei Addition mit der/den nächsten Ziffern eine Zahl von 1 – 22 ergeben, sind die ersten beiden (und u.U. auch die beiden nächsten) Ziffern 2-stellig zu betrachten und zu deuten.

| z.B.: | 147  | = 14 + 7     | = 21 |                        |
|-------|------|--------------|------|------------------------|
|       | 167  | = 1 + 6 + 7  | = 14 | (16 + 7 wäre ja 23)    |
|       | 2000 | = 20 + 0 + 0 | = 20 |                        |
|       | 1111 | = 11 + 11    | = 22 |                        |
|       | 1112 | = 11 + 1 + 2 | = 14 |                        |

### 2.Die Wegzahlen

### 2.1. Bei Zahlen über 22

Die Einzelziffern einer Zahl nennen sich Wegzahlen.

z.B.:   167 > 14 : 1, 6 und 7 sind die Wegzahlen von 14
d.h.:   durch die Entwicklung/Übung von 1, 6, 7 gelangen wir zu 14

### 2.2. Wegzahl bei Zahlen zwischen 1 und 22

In diesem Bereich ist jede Zahl zugleich ihre Wegzahl, d.h. durch Übung einer Qualität erreichst du diese Tugend („Übung macht den Meister").

Die Rechenregeln brauchst du zum Verständnis der folgenden Deutungsvorgänge. Diese Berechnungsbedingungen stellen die

Grammatik der Numerologie dar, sozusagen Spielregeln, die helfen, Unklarheiten zu vermeiden.

Die angegebenen Beispiele werden dir den Umgang mit diesen Rechenregeln erleichtern.

## 3. Buchstaben-Deutung:
## Wesenselemente – innere Kräfte

Jeder Buchstabe steht für eine Kraft, eine Qualität, ein Thema, das du als Entwicklungsschwerpunkt gewählt hast. Diese Qualitäten sind die Bestandteile deines Wesens, sie sind auf der Energieebene das, was im Physischen deine Arme, Beine, Kopf, Rücken etc. sind, sie sind die Ausrüstungsgegenstände und Zutaten für deine irdische Reise.

Stell dir vor, du hast dir eine bestimmte Ausbildung vorgenommen und dafür die entsprechende Schule gewählt, in der du täglich in deinen Lerngegenständen und -themen unterrichtet, weitergebildet und geprüft wirst. Genauso verhält es sich mit den Kräften, die dich – deinen Namen, dein Wesen – darstellen. Diese Kräfte stehen dir immer und überall zur Verfügung, es liegt an dir, wie sehr du sie trainierst, fit hältst und weiterentwickelst.

Die Buchstaben-Deutung des Vornamens gliedert sich in drei Bereiche:

- die Buchstaben vor der Mitte
- der/die Mittelbuchstabe/n
- die Buchstaben nach der Mitte

Die Buchstaben vor der Namensmitte nennen dir jene Eigenschaften, die dich nach innen zur Selbsterkenntnis führen.

Der (bzw. die) Mittelbuchstabe(n) beschreibt die innerste Kraft deines Wesens/deines Herzens/deiner Seele, mit der du dir vorgenommen hast, deine Selbstfindung zu verwirklichen.

Die Buchstaben nach der Mitte sprechen von den Fähigkeiten, die du für andere einsetzen möchtest, sie sind deine Gaben für die Mitwelt und stellen deine Verwirklichungsziele dar.

# 4. Die Zahlen-Deutung

## 4.1. Lernstufen

Die Themen der Lernstufen, die du in dieser irdischen Schule zu bewältigen hast, erkennst du durch die fortlaufende Addition deiner Buchstaben/Eigenschaften.

### 4.1.1. Der Lernweg der Selbstsuche

Die Buchstabenaddition vor der Mitte nennt deine Aufgaben und Prüfungen für deinen Weg nach innen.

### 4.1.2. Der Lernweg zur Selbsterkenntnis

Die Buchstabensumme/n mit dem/den Mittelbuchstaben stellt deine zentrale Lektion dar, die deine Ich-Findung und Ich-Meisterung prüft und verwirklichen hilft.

### 4.1.3. Der Lernweg nach außen

Die Aufgaben nach der Mitte beschreiben die Umsetzung deiner Kräfte für deine Lernpartner, sozusagen deinen Output.

Alle Aufgaben und Lernstufen sind in uns verknüpft und wie mit Formeln/Wirk-Gesetzen untereinander verbunden. Diese Prüfungen, Hindernisse und Herausforderungen begegnen uns selten zeitlich linear, sondern ergeben sich aus unserem „Ausbildungsbedarf". Alle Prüfungen werden sich immer wieder stellen, sie gleichen einem Fitness-Parcours, der uns einlädt, den für uns optimalen Weg und Krafteinsatz herauszufinden – bis wir eines Tages feststellen, dass immer weniger Hindernisse unsere Lebensbahn kreuzen. Dieses Ausbildungsseminar – das wir Leben nennen – vollzieht sich in Spiralen, die Lektionen werden anspruchsvoller, entsprechend unserem Wissens- und Erfahrungsschatz.

Denk an die Schulzeit, an die Prüfungen in Englisch in der fünften Klasse verglichen mit denen in der achten Klasse – dasselbe Schulfach/Thema, aber ein anderer Prüfungsgrad: wenn du alle Lernchancen für dich nutzen konntest, wirst du auch diesen Test bestehen, der einige Lernschritte früher unvorstellbar schwierig erschienen wäre.

Deine Kräfte werden sich wahrscheinlich unterschiedlich entwickeln – für einige Lernthemen bist du besonders begabt und für andere eben weniger. Die Prüfungen (Begegnung von Hindernissen) werden sich dann vor allem auf deine „Schwachstellen" konzentrieren, um deinen Lernfortschritt voranzutreiben. Wenn dir also immer wieder dasselbe Thema begegnet, kannst du es Schritt für Schritt bewältigen – wenn es dir nicht in der Weise gelingt, die du dir selbst vorgenommen hast, wirst du dieses Thema im nächsten Leben als eines deiner „Hauptfächer" wählen.

## 4.2. Die Lebensaufgabe

Die letzte Lernstufe als Summe aller Einzelaufgaben stellt die Abschlussprüfung dar und symbolisiert deine Lebensaufgabe. Wenn du diese Aufgabe erfüllst, hast du das Ich und das Du gemeistert und dich im Umgang mit dem Wir geübt; jetzt bist du bereit, mit allen deinen Kräften und Erfahrungen deinen Beitrag für diese Welt zu leisten.

## 4.3. Der Lebenssinn

Die Essenz des Lernens nennt dir dein höheres Ziel – deinen Lebenssinn – deine Ganzheit im irdischen Rahmen.

# II. Die Praxis

*Bei den folgenden Erklärungen der Einzelschritte kannst du mit deiner Namensdeutung, mit dem Hineinhören in die Botschaft deiner Seele, beginnen. Nochmals zur Erinnerung: wähle immer die höchsten Qualitäten für dich. Je höher die Ziele, desto größer die Erfolge!*

*Wenn du in deinem Namen Kräfte/Eigenschaften findest, die du nicht besonders magst oder sogar ablehnst, ist es an der Zeit, nachzudenken, warum du diese Wesenselemente als Hindernis und nicht als Stärke betrachtest. Freunde dich mit allen deinen Kräften an und verwandle deine Widerstände in neue Verbündete auf deinem Weg zum Erfolg.*

## Die Selbstsuche

### Der Weg nach innen, der Weg zum Ich
Die Buchstaben vor der Mitte

Die Buchstaben deiner Suche offenbaren dir jene geistigen und seelischen Eigenschaften, durch deren Entfaltung und Umsetzung du dir vorgenommen hast, dich selbst zu erkennen.

---

**BEISPIEL:**

| | | |
|---|---|---|
| M | 13 | Wandlungsbereitschaft |
| A | 1 | Selbstbestimmung, Willenskraft, Mut zum Ichsein |
| R | 20 | |
| I | 10 | |
| A | 1 | |

---

# Die Kraft der Mitte

### Das Tor zur Selbstfindung
### Der/die Mittelbuchstabe/n

Wenn die Mitte in einem Buchstaben zusammenfindet, symbolisiert dieser deine innerste Kraft. Bei zwei Buchstaben sind diese zu addieren und gegebenenfalls (d. h. wenn die Summe größer als 22 ist) die Quersumme zu bilden. Diese Zahl repräsentiert deine Kraft der Mitte.

Die 1. Zahl der Mitte stellt die Kraft für den letzten Schritt nach innen dar, die 2. Zahl der Mitte spricht vom ersten Schritt der Verwirklichung deiner Kräfte für deine Mitwelt.

Diese beiden Kräfte sind deine Balance-Komponenten, deine Leitlinien der Mitte, wie YIN und YANG, deine wichtigsten Begleiter/Werkzeuge bei deinem Weg nach innen und nach außen.

Die Einzelzahlen der Quersumme verraten die verborgenen Schlüssel zu deinem Tor zur Mitte.

---

**BEISPIEL 1:**

| | | |
|---|---|---|
| M | 13 | Wandlungsbereitschaft |
| A | 1 | Selbstbestimmung, Willenskraft, Mut zum Ichsein |
| R | 20 | Verbindung zur Seele/zu Gott |
| I | 10 | |
| A | 1 | |

**BEISPIEL 2:**

| | | |
|---|---|---|
| M | 13 | Wandlungsbereitschaft |
| O | 16 | Lernbereitschaft |
| N | 14 | Selbstdisziplin, neue Wege nach innen finden |
| I | 10 | innere Freiheit |
| K | 11 | |
| A | 1 | |
| MITTE: | N + I = 14 + 10 = 24 > 6 Selbsterkenntnis | |

14  letzter Schritt zum Ich
10  erster Schritt nach außen

die Schlüssel zur Mitte: 2 und 4
2  Beziehungsaufbau zu sich selbst
4  Seelenpflichterfüllung

# Die Verwirklichung

**Deine Ziele, deine Gaben auf dem Weg zum Du und zum Wir**
Die Buchstaben nach der Mitte

**BEISPIEL:**

| | | |
|---|---|---|
| M | 13 | Wandlungsbereitschaft |
| A | 1 | Selbstbestimmung, Willenskraft, Mut zum Ichsein |
| R | 20 | Verbindung zur Seele/zu Gott |
| I | 10 | loslassen, Freiraum geben |
| A | 1 | sich für die Mitwelt einsetzen |

Bei kurzen Namen können die Suche- und Zielbuchstaben aus nur einem Buchstaben bestehen, wodurch sich die Chance ergibt, sich ganz auf diese eine Eigenschaft zu konzentrieren.

**BEISPIEL:**

| | | |
|---|---|---|
| E | 5 | Liebe annehmen |
| V | 6 | Selbsterkenntnis |
| A | 1 | sich für die Mitwelt einsetzen |

Zumeist stehen wir aber vor einer Fülle von Möglichkeiten, Wegen und Chancen, sodass auch immer wieder die Lernlektion „Einsicht/Klarwerdung und Prioritäten finden" zu bewältigen ist.

# Die besonderen Chancen und Prüfungen

## Buchstabenwiederholungen

Wenn in deinem Namen Buchstaben mehr als einmal vorkommen, haben sie eine besondere Bedeutung:

**2-fache Wiederholung**
Verstärkung der Eigenschaft, besondere Begabung

**3-fache Wiederholung**
optimale Betonung der Eigenschaft/Ruf der Seele/Berufung

**4-fache Wiederholung**
Prüfung; Schwierigkeiten beim Umsetzen dieser Eigenschaft = Aufforderung für innere Wandlungsarbeit zu diesem Thema

Diese Prüfung wird immer wieder auftauchen, um – wie alle Prüfungen – deinen Wandlungsfortschritt zu hinterfragen und dein bisher gesammeltes Wissen zu festigen.

---

**BEISPIEL:**
MARIA ... 2 x A

> A ist die betonte Lektion/das Leitthema
> zuerst bei der Selbstsuche, dann bei den Gaben für die Mitwelt

d. h.:      zuerst die eigene Kraft für sich selbst verwenden lernen, um später anderen damit dienen zu können

Dieses Talent führt zu: 1 + 1 = 2 ... Beziehungsfähigkeit

---

Die Summe aus den Buchstabenwiederholungen zeigt das Ziel dieser Kraft und nennt jenen Lernbereich, in dem die Umsetzung erfolgen möchte.

# Der Entwicklungsweg

**Lebensaufgaben/Lernstufen**
Die fortlaufende Addition der Buchstaben

Der Entwicklungsweg ist mit unserer Schullaufbahn vergleichbar, die vorgegebenen Fächer und Prüfungen sind zu absolvieren, Nachprüfungen sind möglich, ebenso Klassenwiederholungen in einzelnen Fächern – dadurch ergibt sich ein nicht zeitlich linearer Ablauf der Lektionen; diese „Organisation" liegt bei der Höheren Regie des Lebens.

Am besten ist es, wenn du dir Thema für Thema vornimmst und nicht über den Zeitrahmen deines Lebensplans nachdenkst. Wenn dir viele Hindernisse – die so genannten „Schicksalsschläge" – widerfahren, wirst du mit deinem Lernen in Verzug sein und erhältst Mahnungen/Erinnerungen, damit du die Botschaften deines Befindens als Anlass für eine Intensivierung deiner Bemühungen annimmst.

---

**BEISPIEL:**

1. Stufe/1. Buchstabe/M = 13                        ICH
   *durch Wandlungsbereitschaft > eine Wandlung erreichen lernen*

2. Stufe/1. + 2. Buchstabe/M + A = 14             ICH
   *durch Selbstdisziplin > neue Wege nach innen suchen lernen*

---

3. Stufe/1. + 2. + 3./M + A + R = 34 > 7        MITTE
   *durch inneren Frieden & Seelenpflichterfüllung > Ego überwinden lernen*

---

4. Stufe/1. + 2. + 3. + 4./M + A + R + I =44 > 8     DU + WIR
   *durch Pflichterfüllung gegenüber dem Du und Wir > Geben und (An)Nehmen in Balance bringen, Harmonie verbreiten*

---

5. Stufe/1. + 2. + 3. + 4. + 5./M + A + R + I + A = 45 > 9
   siehe Lebensaufgabe und Lebenssinn

---

# Deine Namenszahl = deine Lebensaufgabe

## Die Summe aller Buchstaben

Die Namenszahl stellt die Summe deiner Kräfte und Lektionen dar und beschreibt somit die höchste Stufe deines Lernens.

Deine Namenszahl ist die Gesamtschwingungssumme deiner Kräfte.

---

**BEISPIEL:**

| | | |
|---|---|---|
| M | 13 | Wandlungsbereitschaft |
| A | 1 | Selbstbestimmung, Willenskraft, Mut zum Ichsein |
| R | 20 | Verbindung zur Seele/zu Gott |
| I | 10 | loslassen, Freiraum geben |
| A | 1 | sich für die Mitwelt einsetzen |

---

**Entwicklung und Umsetzung von:**

| | |
|---|---|
| 45 | Pflichtbewusstsein und Liebe |

---

# Deine Seelenzahl = dein Lebenssinn

## Die Quersumme deiner Namenszahl

Die Seelenzahl ist die Essenz aller deiner Lektionen.

Bei kurzen Namen können Namenszahl und Seelenzahl identisch sein, d.h. hier ist eine verstärkte Konzentration auf die Entwicklungsbemühungen für diese Eigenschaft vorgesehen:

BEISPIEL:

EVA ... 5 + 6 + 1 = 12

12 = Namenszahl=Seelenzahl(=Wegzahl)=Lebensaufgabe=Lebenssinn

d. h.: durch 12 (Vergebung, Hingabe) zu 12 (Verständnis, Nächstenliebe)

Beispiel: Maria

| | 45 | durch Pflichterfüllung und Liebe |
|---|---|---|
| zu | 9 | Toleranz in sich und um sich stärken |

Die Wegzahlen 4 und 5 zeigen den Weg zum Ziel (9)

Das Streben nach jener Tugend, die deiner Seelenzahl entspricht, wird dir an jedem Punkt deines Lebens eine wertvolle Hilfe sein, die du jederzeit zur Meisterung aller deiner Aufgaben aktivieren, üben und einsetzen kannst.

### ENTSPRECHUNGEN nutzen

Namenszahl und Seelenzahl können auch in anderen Bereichen als Anknüpfungspunkt dienen. Wähle z. B. jene Steine zu deinen Begleitern, die dieselbe Namenszahl aufweisen (eine Tabelle mit Stein-Namenszahlen findest du im Anhang, außerdem kannst du mit dem hier angegebenen Zahlenschlüssel jeden beliebigen Stein selbst berechnen), oder entsprechende Farben (ROT ergibt 45) etc.

Diese Energie-Entsprechungen haben die gleiche Schwingungsfrequenz und können daher leicht mit dir in Resonanz treten und deine Schwingung stärken, sodass eine Energie-Aufladung entsteht.

## Kurznamen

Die Wahl von Kurznamen oder Namensformen, die vom Taufnamen abweichen, bietet viele Einsichten:

Manche Lektionen wollen wir vermeiden (oder wir trauen sie uns nicht zu), daher „verbannen" wir sie aus unserem Lebensplan.

Dafür laden wir uns zumeist andere Lernfaktoren auf, bzw. handeln uns diese ein.

**BEISPIEL:**
CHRISTINE > CHRISTL
Namenszahl     (NZ) 1 = 97          NZ 2 = 80

Beim Ausleben des Kurznamens werden die Qualitäten/ Lernlektionen N und E nicht erfüllt; sie warten auf eine neue Chance: durch einen Lernpartner oder vielleicht sogar bis zu einem neuen Leben.

Die „außerplanmäßige" Lernlektion ist L.

Fast alle Aufgaben, Wege und Ziele sind verändert.

Der Taufname bleibt in seiner Bedeutung die wichtigste Botschaft, auch wenn er durch einen Kurznamen ersetzt wird.

Mit fortschreitender Bewusstwerdung nehmen viele wieder ihren „ursprünglichen" vollen Namen an, weil sie nun bereit sind, alle ihre Chancen anzunehmen und auszuleben.

Die meisten Kurznamen enden mit einem I, dem Symbol für Veränderung: eine Einladung, zum ganzen Namen zurückzu-finden.

## Begriffsdeutungen

Mit dem numerologischen Deutungssystem kann eine Annäherung an jedes Thema erfolgen. Durch die Errechnung der Namenszahl lässt sich die Schwingungssumme ermitteln und somit die Botschaft dieser „Energieeinheit". Auf diese Weise lassen sich Städte, Wissensgebiete (z. B. Yoga, Physik etc.), Bäume und alles, was eine persönliche Bedeutung für uns hat, berechnen und mit unserer Schwingungszahl in Bezug bringen.

# Partnerschaften

Durch jede Beziehung wird unser Erfahrungsrahmen berei-
chert und unsere persönliche Entwicklung durch Prüfungen –
Gegensätzlichkeiten gefördert. Alle Partnerschaften und Begegnungen dienen der Selbstergänzung und entsprechen dem Prinzip
der Dualität.

Dies gilt für alle Bindungen, seien sie nun freundschaftlicher,
beruflicher, verwandtschaftlicher oder auch weniger angenehmer
Art.

Das Ziel aller (Lern-)Partnerschaften ist die Ganzwerdung der
eigenen Persönlichkeit, das Verstehen und Einverstandenwerden mit
allen polaren Aspekten des Lebens. Wenn diese Aufgabe erfüllt ist,
löst sich unser irdisches Schicksal und wir können in eine andere
Lernebene weiterreisen.

## Der Vorname deines Partners

### Der Gleichklang

Buchstaben, die auch in deinem Namen vorhanden sind, weisen
auf Entsprechungen in diesen Lernthemen/Kräften hin, d.h. es
wird sich ein Miteinander- und Voneinanderlernen ergeben. Durch
die Beziehung entsteht die Möglichkeit, dieses Thema um den
individuellen Zugang des Partners zu bereichern.

Dasselbe gilt auch für identische Zahlen bei Lebensaufgabe
und Seelenzahl.

Umgekehrte Zahlen zeigen eine besondere Lernchance: durch
die Begegnung wird die Energie dieser Lektion gewendet, intensiv
bewegt und angeregt, verändert, das Unterste nach oben gekehrt,
also herausgefordert und geprüft und durch den polaren Aspekt
wachgerüttelt.

z. B.:      Namenszahl 1: 75      Namenszahl 2: 57

### Die Lerngeschenke

Alle Eigenschaften, die dein Partner in die Beziehung mitbringt und
die du nicht in dir trägst (Buchstaben, die keine Entsprechung im

Namen des anderen haben), sind als Bereicherung und Geschenk seiner Individualität zu verstehen.

Im Zusammenspiel, in der Verbindung beider Wege und Pläne kann eine Qualität verstärkt sein (jeder bringt einen Buchstaben mit) oder zu seiner optimalen Wirkkraft geführt werden (miteinander 3 x den gleichen Buchstaben), was von einer wunderbaren Ergänzung spricht.

Wenn 4 Buchstaben identisch sind, wird die Beziehung in diesem Thema eine gemeinsame Wandlungsaufforderung enthalten.

Bei 5 (Zahl der Liebe!) gleichen Buchstaben ist diese Kraft ein wichtiger Faktor für die Empfindungen zwischen den Partnern, sie stellt die Basis und das zentrale Thema der Beziehung dar.

---

**BEISPIELE:**

2 x A: Sabine + Paul: 2 x A führt zu 2 = Beziehungsbereitschaft
die Kräfte sind ausgewogen/in Balance

3 x A: Anna + Karl: 3 x A führt zu 3 = Gesprächsbereitschaft
die Kräfte sind in den verschiedenen Lernbereichen aufgeteilt (Ich/Mitte/Du + Wir) und ergänzen sich optimal

4 x A: Barbara + Anton: 4 x A führt zu 4 = Wandlungsaufgabe
Anton wird das Kraft-Ungleichgewicht durch dominantes Verhalten ausgleichen wollen; Barbara wird einen Teil ihrer Kraft dem Partner hingeben/schenken müssen, um die Beziehung in Balance zu bringen. Für beide besteht eine Wandlungspflicht im Rahmen der Partnerschaft.

5 x A: Barbara + Alexander: 5 x A führt zu 5 = Liebe
In dieser Beziehung wird das zentrale Thema die Individualität, die Eigenverantwortung für und der Wille zur Partnerschaft sein. Wie jeder Partner mit seinem eigenen Kraftpotenzial umgeht, was jeder bereit ist, für die Beziehung einzubringen, wird die Qualität der Liebe wesentlich mitbestimmen.

---

## Die innere Aufgabe

Die Verbindung der Vornamen zeigt die persönlichen Entwicklungsthemen, die im Rahmen der Partnerschaft geprüft und gefördert werden möchten, also den Weg vom Ich zum Du.

# Namenszahl 1 + Namenszahl 2

Die Quersumme aus der Addition der beiden Namenszahlen zeigt den höheren Sinn der Partnerschaft. Auch der höhere Sinn ist für beide ein Verwirklichungsziel, das jeder auf seine Art und Weise erfüllen soll.

**Beispiel**
NZ 1 + NZ 2 = 132 > 15

| | |
|---|---|
| Aufgabe der Beziehung: | Wandlung durch und für die Partnerschaft |
| Höherer Sinn: | sich selbst in Liebe annehmen lernen |

## Die äußere Aufgabe

Durch die Addition der vollen Namen ist die Aufgabe im Bereich des Wir erkennbar. Die Berechnung zeigt jene Lektion, die durch die Partnerschaft gelernt werden möchte, um zum Beitrag für die Mitwelt zu werden.

**Beispiel**
VNZ 1 + VNZ 2 =   126 > 18

| | |
|---|---|
| Aufgabe: | Verständnis und Vergebungsbereitschaft prüfen = stärken |
| Sinn: | Klarheit und Licht in sich und um sich vermehren |

Auch bei Firmennamen (die ebenso ein Ausdruck der individuellen Struktur/Schwingung sind) lässt sich die Partnerrechnung anwenden, um herauszufinden, ob ein Gleichklang zu einer

(Arbeits-)Beziehung einlädt und welche persönlichen Qualitäten und Lernschritte gefragt und entwickelt werden möchten.

In diesem Fall ist die Berechnung mit deinem Vornamen und dann mit deinem vollen Namen durchzuführen.

**Beispiel**

| | |
|---|---|
| Namenszahl der Firma | 55 |
| Vorname | 35 |
| Vorname + Zuname | 212 |

persönliche Entwicklungsaufgabe (innere Aufgabe)
55 + 35 = 90 Toleranz + Wertfreiheit
d. h.: durch die Arbeit in dieser Firma werden sich persönliche Prüfungen und Möglichkeiten ergeben, um Toleranz und Wertfreiheit zu stärken

Entwicklung der Wir-Qualitäten (äußere Aufgabe)
55 + 212 = 267 > 15
gestärkt + geprüft werden:    2 = Beziehungsfähigkeit
                                    6 = Selbsterfahrung,
                                          Nachdenken
                                  7 = Ego-Überwindung
dadurch entsteht der Beitrag zum Wir: 15
Die Schwingung der Selbstakzeptanz in sich und um sich erhöhen.

## Zahlen bestimmen unser Leben

Geburtsdatum, Tagesdatum, Hausnummer – überall begegnen uns Zahlen.

Da du jetzt die Botschaft der Zahlen kennst, lassen sich diese Energieschwingungen besser verstehen und ihre Chancen bewusster nutzen:

## Dein Geburtsdatum nennt deine irdischen Pflichten (= Dharma)

### TAG = ICH-Pflicht
Dein Geburtstag nennt deine Pflicht dir selbst gegenüber, um die Entwicklung deiner Persönlichkeit zu fördern.

### MONAT = DU-Pflicht
Dein Geburtsmonat zeigt ein zentrales Lernthema in Beziehungen.

### JAHR = WIR-Pflicht
Die Jahreszahl stellt deine Pflicht gegenüber deiner Mitwelt dar; sie beschreibt deinen Entwicklungsbeitrag für die Evolution dieser Welt.

In den 59 Namensdeutungen findest du Hinweise auf diese Pflichten. Abhängig vom jeweiligen Bereich (Ich, Du oder Wir) spricht die Zahl 4 ein bestimmtes Pflichtthema an, das aus dem Geburtsdatum ersichtlich ist; das Seelenpflichtthema ergibt sich aus der Seelenzahl.

### Deine Jahresaufgaben
Die Schwingungsenergie eines Jahres in Verbindung mit deinen Namenszahlen zeigt dir deine Aufgaben in diesem Zeitabschnitt.

**Beispiel: Jahr 2002**

| | |
|---|---|
| NZ | 50 |
| VNZ | 131 |

Die innere Aufgabe (Persönlichkeitsentwicklung, Bereich des Ichs und des Dus): 2002 + 50 = 2052 > 9 ... Toleranz zum Ich und zum Du

Die Einzelziffern beschreiben die Wege und Eigenschaften, die du für die Erfüllung der Jahresaufgabe einsetzen sollst:

| | |
|---|---|
| 2 | lernen aus dem Du, Beziehungsbereitschaft |
| 0 | Neues wagen, Wertfreiheit, Offenheit |
| 5 | lieben und geben lernen |
| 2 | immer wieder zum Du gehen |

Die äußere Aufgabe (irdische Pflichten, Wege zum Wir):
2002 + 131 = 2133 > 9 ... Toleranz zum Wir, um die Gesamtschwingung der Toleranz zu vermehren

Wege und Eigenschaften, um diese Aufgabe zu erfüllen:
2    Beziehungsbereitschaft, sich auf Nähe einlassen
1    eigenverantwortliches Handeln, etwas für das Wir tun
3    lernen aus dem Wir, Gesprächsbereitschaft
3    immer wieder zum Wir gehen

Für die Entwicklungsaufgaben deiner Partnerschaft addierst du die beiden Partnerzahlen (Summe der Vornamen für die innere Jahresaufgabe, Summe der ganzen Namen für die äußere Jahresaufgabe) mit der Jahreszahl.

Diese Berechnungen lassen sich auch für Monate anwenden, indem die Namenszahl des Monats für die Berechnung herangezogen wird.

Mit der numerologischen Deutung des Jahres 2002 will ich dir einen weiteren Einblick in die „Sprache der Zahlen" geben:

*Die Schwingung des Jahres 2002 lädt uns ein, dem Du wertfrei zu begegnen, mehr Licht und Liebe und Entfaltungsfreiraum in unseren Beziehungen zuzulassen und immer wieder unsere Erwartungen und Vorstellungen und Forderungen ans Du loszulassen.*

*Das Jahresthema ist von der Einsicht in den Höheren Sinn aller Beziehungen getragen: Alle Begegnungen erwachsen aus der natürlichen Sehnsucht der Gegensätze, die sich zur Ganzheit vereinen wollen, um zu entdecken, dass jegliche Trennung in Ich und Du, in Mein und Dein nur in unserem Denken existiert und uns als notwendiges Konflikt- und Lernpotenzial dient.*

*Sobald wir diese Täuschung des Getrenntseins, aus dem das Spiel der Dualität besteht, verstehen und uns über diese Grenzen zu erheben beginnen, werden wir Schritt für Schritt neue Horizonte erobern und eine Bereicherung unseres Seins erleben.*

*Das Jahr 2002 öffnet uns Tore ins Reich der Meditation und der Träume und Seelenwege zum Licht ...*

## Lebensalter

Auch die Zahl deiner Lebensjahre ist ein Hinweis auf deine aktuelle Lern- und Entwicklungsaufgabe, und zwar im übergeordneten Sinn – d.h. sowohl im Ich-, Du- und Wir-Bereich.

## Beispiel:

45  durch Pflichterfüllung und Liebe annehmen und geben

9  Toleranz, Bewusstseinserweiterung erreichen

## Tagesqualitäten

Die Energiequalitäten jedes einzelnen Tages begünstigen jene Vorhaben, die der Tagesschwingung entsprechen. Wie alle kosmischen Energien sind sie nicht zwingend, es sind eher Einladungen, Optionen – sie sind ebenso wirksam wie das Wetter, das du für dich nutzen kannst oder auch nicht. Wenn der Wind aus Osten weht, ist es eben am leichtesten, nach Westen zu segeln.

Ein kleines Beispiel zur „Macht der Energien" :

Stell dir vor, es ist ein sonniger, aber stürmischer Spätsommertag – also ein günstiger Tag zum Drachensteigen oder Surfen –, eben eine gute Gelegenheit, „mit dem Wind zu fliegen". Dieser Tag wird aber für bestimmte andere Vorhaben ungünstig sein: den Gartenzaun neu streichen, zum Friseur gehen etc. Du kannst natürlich auch zuhause bleiben und die „Windspiele" unbeachtet lassen. Das Wetter wird sich deshalb nicht ändern.

Die Tabelle der Tagesenergien lädt dich ein, die Erfüllung deiner Pläne und Vorhaben durch die „Kraft der Zeit" zu begünstigen.

## Tagesqualitäten

### günstig für:

| | |
|---|---|
| 1 | Neubeginn, Projektstart, Eröffnungen, Selbstdurchsetzung |
| 2 | Zeit fürs Du |
| 3 | Zeit fürs Wir, Gespräche, Gruppenunternehmungen |
| 4 | Arbeiten erledigen, Pflichterfüllung |
| 5 | Liebe, kreativ sein |
| 6 | Selbsterkenntnisse, Prüfungen |
| 7 | Selbstüberwindung, Selbstbeherrschung, Konzentrationsübungen |
| 8 | Gesundheit, Erholung, wieder in Balance kommen |
| 9 | Toleranz, Bewusstseinserweiterung, Lebensphilosophisches |
| 10 | Reisen, Veränderungen, Loslösungen, Befreiungsaktionen |
| 11 | Spirituelles, Orakel, nach innen hören/Sensitives (z. B.: Karten legen) |
| 12 | Vergebung, Verständnis, Nächstenliebe, Hilfsbereitschaft, Spenden |
| 13 | Wandlungen, Altes abschließen > loslassen > für Neues bereit werden |
| 14 | neue Wege suchen und finden, Selbstdisziplin, Lehr- und Vorbildaufgaben |
| 15 | Selbstakzeptanz, Selbstachtung, „heute will ich mich ganz besonders lieben" |
| 16 | Lernen, Einweihung (Schritt in die nächste Lernstufe) |
| 17 | Glauben, Wahrheitssuche, Idealismus |

| 18 | Ordnung schaffen, Klarheit finden, innere und äußere Lichtarbeit |
|----|------------------------------------------------------------------|
| 19 | positives Denken, Glück, Zufriedenheit stärken und Freude ausstrahlen |
| 20 | Offenheit für neue Beziehungen, Verbindung zur Seele/zu Gott pflegen |
| 21 | Karriere, Erfolg, Chancen nutzen |
| 22 | Meditation, Träume, Astralreisen |
| 23 | gesellschaftliche Treffen, Aktivitäten mit Freunden, liebevolles Miteinander |
| 24 | Einstellung zum Du überdenken, Partnerberatung/ an der Beziehung arbeiten |
| 25 | Ego-Überwindung aus Liebe zum Du, Selbstlosigkeit üben |
| 26 | aus Beziehungen über sich selbst lernen, Mitte zwischen Ich und Du finden |
| 27 | ego-bezogene Erwartungen ans Du loslassen und Toleranz üben |
| 28 | Beziehungen wieder in Balance bringen, Veränderungen als Chancen sehen |
| 29 | Toleranz durch das Du lernen und zur Weisheit der Seele finden |
| 30 | Friedenskonferenz, Yoga, Neubeginn für Gruppen |
| 31 | Gruppendynamik, etwas für das Wir tun |

# Umsetzung und Anwendung der Numerologie

## Der Weg der Verwirklichung: wissen > wollen > wagen

Wenn du die Deutungsanleitungen bis hierher durchgearbeitet hast, bist du mit der Botschaft deines Namens schon sehr vertraut. Manches wird dich überrascht haben, einiges wirst du als Bestätigung empfunden haben, vieles wartet aber noch darauf, anerkannt, entfaltet und umgesetzt zu werden.

Die praktische Anwendung erweist sich meist als der schwierigste Teil, denn hier liegt die Herausforderung, das Prüffeld für dein Bemühen um Selbsterkenntnis und persönlichen Fortschritt.

Den ersten Schritt zur Umsetzung hast du bereits getan: du hast nach dem Geheimnis deines Lebens und nach den Aufgaben dieser Inkarnation gesucht und die Botschaft deines Namens als Wegweiser gefunden. Somit hast du den ersten Schritt erfüllt: **WISSEN** sammeln. Die weiteren Stufen zur Verwirklichung lauten: **WOLLEN** und **WAGEN**.

Die Übung des WOLLENs erfordert etwas mehr Geduld und Selbsteinsatz: alle Kräfte und Aufgaben wollen anerkannt und bejaht werden. Mit jedem Wunsch, mit jedem Gedanken, mit jeder Aufmerksamkeit, die du deinen Kräften und Zielen schenkst, nährst du ihre Entfaltung und Umsetzung. Dein Wollen und Denken wird in diese Richtung orientiert und alle Energie folgt deinem Vorsatz: Ja, ich will es, ich kann es und ich werde es verwirklichen.

Jetzt kommen wir zum dritten Schritt: WAGEN – dem Wissen und Wollen entsprechend handeln. Hier gilt: Übung macht den Meister! Je öfter du eine Kraft für dich und die Lösung deiner Aufgaben verwendest, desto stärker wird diese Kraft werden. Wie beim Fitness-Training: je regelmäßiger und stärker du einen Muskel belastest, desto entwickelter und „brauchbarer" wird er.

Ich wünsche dir viel Erfolg mit der Weisheit der Zahlen und ihren Botschaften für den Weg, der dich einlädt, die Schritte zur Verwirklichung zu meistern: Wissen + Wollen + Wagen ...

# Allgemeines zu den
# 59 Namensdeutungen

Auf den folgenden Seiten findest du 59 Namensdeutungen.

Wenn dein Name nicht unter den von mir erstellten Deutungen vorkommt, stehen dir folgende Deutungsmöglichkeiten und -regeln zur Verfügung:

1. Du stellst deinen Namen wie bei einem Baukastensystem aus den vorhandenen Namensdeutungen zusammen. Dabei ist die Aufteilung in die Bereiche zu beachten, d.h. die Begriffe für den Ich-Bereich, Mitte, Seelenzahl etc. gelten auch bei deinem Namen nur für den bei den Namensdeutungen verwendeten Bereich.

2. Die einfachste Variante ist eine Deutung, die nur mit der Symbolkraft der Zahlen zusammengestellt wird; d.h. du verwendest für jeden Buchstaben den Hauptbegriff und lässt alle anderen Regeln und Empfehlungen weg. Du erhältst auch auf diese Weise eine Botschaft, die dir deine Kräfte beschreibt. Ohne die weitere „Grammatik" wird die Botschaft wie ein Satz mit Hauptwörtern im 1. Fall sein, also durchaus verständlich, aber eben nicht ganz ausformuliert.

Im Anhang stehen dir Kopiervorlagen zur Verfügung, die bei meinen Seminaren verwendet werden. Als Vergrößerung in A4-Format erleichtern sie dir die Deutung deines Namens und ermöglichen eine bessere Übersicht aller Ergebnisse und Erkenntnisse.

### Noch einige Regeln und Besonderheiten

### Reihenfolge
Die Lese- bzw. Deutungsrichtung ist wie beim Lesen: von links nach rechts.
Mehrstellige Zahlen liest und deutest du von links nach rechts:
122 = Verständnis und Vergebung und Beziehungsbereitschaft
also: Verständnis und Vergebung in Beziehungen

## Die Bereiche

Die Begriffsauswahl für die einzelnen Bereiche ergibt sich aus logischen Überlegungen:

- beim Ich-Bereich sind nach innen gewendete Begriffe zu verwenden, die die persönliche Entfaltung betreffen und die das Prinzip des Suchens und des (An)Nehmens darstellen
- bei der Mitte ist ein Begriff zu wählen, der eine innere Kraft darstellt, die sich allein auf dich und dein innerstes Wesen = dein Potenzial bezieht
- beim Du- und Wir-Bereich sind extrovertierte Begriffe zu verwenden und das Prinzip des Findens und Gebens zu beachten
- bei den Lernstufen gilt dieselbe Vorgehensweise, wobei hier immer der Begriff „lernen" angefügt werden kann; beim inneren Bereich: suchen lernen, beim äußeren Bereich: finden lernen
- bei der Lebensaufgabe wählst du zwei Qualitäten – entweder den Hauptbegriff oder einen Begriff, der bereits mehr in den selbstlosen Bereich weist
- bei der Seelenzahl ist der selbstloseste und höchstmögliche Begriff (im seelischen Sinn) zu wählen.

## Besondere Zahlen

### Doppelzahlen

Doppelzahlen sprechen die Lektion in den Gegensätzen an, d. h. im Wollen und Denken, innen und außen etc.

33     Frieden im Wollen und Denken, im Außen: Bote des Friedens

44     innere und äußere (Wandlungs-)Arbeit, innere und äußere Pflichten erfüllen

55     Liebe im Herz und im Geist

66     innere und äußere Prüfungen

77     Selbstlosigkeit im Wollen und Denken

88     Harmonie im Denken und Handeln

99     Toleranz zu sich und zu anderen

## Die Zahl 30

Wenn diese Zahl in deinen Kräften, Lernstufen oder Jahres-aufgaben aufscheint, ist das ein Hinweis auf Yoga als Hilfs- und Entwicklungsmittel für deine Aufgabenerfüllung.

Yoga = 10 + 16 + 3 + 1 = 30

## Die Zahl 48 (und auch 84)

Diese Zahlen stellen im äußeren Bereich (Du und Wir, und Lebensaufgabe) die Arbeit des Heilens (das Arbeiten für Heilwerdung) dar.

## Die Zahl 50

Die Zahl 50 hat im Außenbereich (Du und Wir, und Lebensaufgabe) die Bedeutung der Kreativität, „aus der Fülle des Herzens Mitschöpfer der Realität sein".

## Die Zahl 3

Wenn im Außenbereich (Du und Wir, Lebensaufgabe) die letzte Ziffer 3 ist, ist die Funktion des „Boten" angesprochen:

z. B.:    73  Bote der Selbstlosigkeit
          93  Bote der Toleranz
         123  Bote der Nächstenliebe

## Die Meisterzahl 8

In den Bereichen Mitte (Name + Lernstufen) und bei der Seelenzahl ist die Zahl 8 ein Hinweis auf einen spirituellen Meister. Wenn diese Zahl in der Mitte aufscheint, wird es sich um einen inkarnierten Meister handeln. Wenn die Zahl nur bei der Seelenzahl auftritt, kann dies ein Hinweis sein, dass du Führung und Schutz eines nicht körperlich unter uns weilenden Meisters erlangst.

*Ich erzähle dir von Zahlen*

*die Lebensziele nennen*

*... es sind deine Ziele!*


*Ich erzähle dir von Wegen*

*die Seelenkräfte wecken*

*... es sind deine Wege!*


*Ich erzähle dir von einem Spiel*

*das nach seinem Meister sucht*

*... es ist dein Spiel!*

# 59 Namen und ihre Botschaft

# ALEXANDRA

## Wesenselemente
Innere Kräfte und Entwicklungsziele

### Die Suche
**Der Weg zum Ich**

| | | |
|---|---|---|
| A | 1 | persönlichen Entfaltungsfreiraum suchen |
| L | 12 | sich selbst verstehen wollen |
| E | 5 | Liebe annehmen lernen, nach dem Sinn des Lebens suchen |
| X | 15 | sich selbst in Liebe annehmen |

### Die Kraft der Mitte: Willenskraft
**Das Tor zur Selbstfindung**

| | | |
|---|---|---|
| A | 1 | das persönliche Potenzial erkennen und anerkennen und nutzen |

### Die Verwirklichung
**Wege nach außen, zum Du und zum Wir**

| | | |
|---|---|---|
| N | 14 | neue Wege zum Du und zum Wir finden, Vorbild sein |
| D | 4 | Pflichterfüllung zum Du und Wir* |
| R | 20 | dem Du wertfrei begegnen |
| A | 1 | sich für die Mitwelt einsetzen |

---

\* Pflichtthema zum Du = Geburtsmonat, Wir = Geburtsjahr, Seele = Seelenzahl

## Lernstufen

## Namenszahl: Lebensaufgabe = 73

**Entwicklung & Umsetzung von**
Selbstlosigkeit & Wir-Gefühl, ein Bote der Selbstlosigkeit sein

## Seelenzahl: Lebenssinn = 10

innere Freiwerdung verwirklichen, als Werkzeug Gottes dienen, das Ich im Einswerden erlösen, Befreiung von dieser Lernebene, die Kunst des Loslassens leben

# ANDREAS

## Wesenselemente
Innere Kräfte und Entwicklungsziele

### Die Suche
**Der Weg zum Ich**

| | | |
|---|---|---|
| A | 1 | persönlichen Entfaltungsfreiraum erobern |
| N | 14 | Selbstdisziplin, neue Wege nach innen suchen |
| D | 4 | Pflicht sich selbst gegenüber erfüllen* |

### Die Kraft der Mitte: Verbindung zu Gott
**Das Tor zur Selbstfindung**

| | | |
|---|---|---|
| R | 20 | Verbindung zur Seele/zu Gott erneuern |

### Die Verwirklichung
**Wege nach außen, zum Du und zum Wir**

| | | |
|---|---|---|
| E | 5 | Liebe geben |
| A | 1 | sich für die Mitwelt einsetzen |
| S | 21 | Erfolg bei allen selbstlosen Vorhaben, öffentliche Anerkennung |

---

* Pflichtthema zum Ich = Geburtstag, Du = Geburtsmonat, Wir = Geburtsjahr

# Lernstufen

### Ich-Bereich

| | |
|---|---|
| 1 | Suche nach persönlichem Entfaltungsfreiraum, Selbstdurchsetzung üben |
| 15 | sich selbst in Liebe annehmen |
| 19 | positives Wollen und Denken üben, Zufriedenheit finden lernen |

### Mitte

| | |
|---|---|
| 39/12 | durch Frieden & Bewusstseinserweiterung > sich selbst verstehen und vergeben |

### Du- und Wir-Bereich

| | |
|---|---|
| 44/8 | durch Erfüllung der Du- und Wir-Pflichten* > Harmonie verbreiten |
| 45/9 | durch Pflichterfüllung* und Bereitschaft Liebe zu geben > Toleranz stärken |
| 66 | LEBENSAUFGABE |

## Namenszahl: Lebensaufgabe = 66

**Entwicklung und Umsetzung von**
Bewusstwerdung & Selbsterkenntnis

## Seelenzahl: Lebenssinn = 12

Einverstandensein mit allem, was ist, war und sein wird
in Dankbarkeit und Hingabe dienen und helfen

# ANGELIKA

## Wesenselemente
Innere Kräfte und Entwicklungsziele

### Die Suche

**Der Weg zum Ich**

| | | |
|---|---|---|
| A | 1 | persönlichen Entfaltungsfreiraum suchen |
| N | 14 | Selbstdisziplin, neue Wege nach innen suchen |
| G | 3 | Sehnsucht nach innerem Frieden |

### Die Kraft der Mitte: 17 Idealismus, Glaubenskraft, Wahrheitsliebe

**Der letzte Schritt nach innen/das Tor zur Selbstfindung**

| | | |
|---|---|---|
| E | 5 | Liebe annehmen |

**Der erste Schritt nach außen zur Verwirklichung**

| | | |
|---|---|---|
| L | 12 | sich selbst vergeben und dann allen Lernpartnern vergeben |

### Die Verwirklichung

**Wege nach außen, zum Du und zum Wir**

| | | |
|---|---|---|
| I | 10 | loslassen lernen, Freiraum geben |
| K | 11 | das Erwachen der Spiritualität in sich und um sich stärken |
| A | 1 | sich für die Mitwelt einsetzen |

---

\* und/oder: durch inneren Frieden & Liebe > einen Meister finden
\*\* Pflichtthema zum Du = Geburtsmonat, Wir = Geburtsjahr

## Lernstufen

**Ich-Bereich**

1 Suche nach persönlichem Entfaltungsfreiraum, Selbstbestimmung üben

15 sich selbst in Liebe annehmen lernen

18 Ordnung und Klarheit in sich schaffen, Ängste und Selbstzweifel besiegen

**Mitte**

23/5 durch Frieden in der Beziehung zu sich selbst > Liebe entfalten

35/8* Frieden & Liebe als Säulen der inneren Balance erkennen und stärken lernen

**Du- und Wir-Bereich**

45/9 durch Pflichterfüllung zum Du und Wir** & Liebe geben > Toleranz stärken

56/11 durch Liebe & Selbsterfahrungen die Spiritualität in sich und um sich stärken

57 LEBENSAUFGABE

## Namenszahl: Lebensaufgabe = 57

**Entwicklung und Umsetzung von**
Liebe & Selbstlosigkeit

## Seelenzahl: Lebenssinn = 12

Einverständnis mit allem, was war, ist und sein wird
in Dankbarkeit und Hingabe dienen und helfen

# ANNEMARIE

## Wesenselemente
Innere Kräfte und Entwicklungsziele

### Die Suche

**Der Weg zum Ich**

| | | |
|---|---|---|
| A | 1 | persönlichen Entfaltungsfreiraum suchen |
| N | 14 | Selbstdisziplin |
| N | 14 | neue Wege nach innen suchen |
| E | 5 | Liebe annehmen |

### Die Kraft der Mitte: Wandlungsbereitschaft

**Das Tor zur Selbstfindung**

| | | |
|---|---|---|
| M | 13 | Transformation und Neuwerdung |

### Die Verwirklichung

**Wege nach außen, zum Du und zum Wir**

| | | |
|---|---|---|
| A | 1 | sich für die Mitwelt einsetzen |
| R | 20 | dem Du wertfrei begegnen |
| I | 10 | loslassen lernen, Freiraum geben |
| E | 5 | Liebe geben |

---

\* Seelenpflicht-Thema = Seelenzahl

# Lernstufen

### Ich-Bereich

| | |
|---|---|
| 1 | Suche nach persönlichem Entfaltungsfreiraum, Selbstdurchsetzung üben |
| 15 | sich selbst in Liebe annehmen lernen |
| 29/11 | sich selbst mit Toleranz begegnen > zur Spiritualität finden |
| 34/7 | am inneren Frieden arbeiten > das Ego beherrschen lernen |

### Mitte

| | |
|---|---|
| 47/11 | durch Seelen-Pflichterfüllung* & Ego-Überwindung > Weisheit der Seele finden lernen |

### Du- und Wir-Bereich

| | |
|---|---|
| 48/12 | durch Arbeit für Heilwerdung > Verständnis und Hilfe geben |
| 68/14 | durch Prüfungen des inneren Halts > neue Wege gehen und zeigen |
| 78/15 | durch Selbstlosigkeit & innere und äußere Balance > persönliche Ganzheit |
| 83 | LEBENSAUFGABE |

## Namenszahl: Lebensaufgabe = 83

**Entwicklung und Umsetzung von**
Ausgeglichenheit & Wir-Gefühl, ein Bote für Wege der Heilwerdung sein

## Seelenzahl: Lebenssinn = 11

das Erwachen der Spiritualität in sich und um sich stärken, dem Ruf der Seele folgen

# BARBARA

## Wesenselemente
Innere Kräfte und Entwicklungsziele

### Die Suche
#### Der Weg zum Ich
B   2   Beziehung zu sich selbst suchen
A   1   nach persönlichem Entfaltungsfreiraum streben
R  20   Verbindung zur Seele/Gott suchen

### Die Kraft der Mitte: Beziehung zu sich selbst
#### Das Tor zur Selbstfindung
B   2   dem Gegensatz in sich begegnen, Selbstergänzung in sich finden

### Die Verwirklichung
#### Wege nach außen, zum Du und zum Wir
A   1   eigenverantwortliches Handeln in Beziehungen
R  20   dem Du wertfrei begegnen
A   1   sich für die Mitwelt einsetzen

---

* Pflichtthema zum Ich = Geburtstag, Du = Geburtsmonat, Wir = Geburtsjahr

# Lernstufen

### Ich-Bereich
2      sich selbst begegnen lernen
3      inneren Frieden finden lernen
23/5    Lernstufe 1 und 2 verbinden > Liebe annehmen
       lernen

### Mitte
25/7    durch liebevolle Beziehung zu sich selbst > Ego los-
       lassen lernen

### Du- und Wir-Bereich
26/8    in Beziehungen Selbsterkenntnisse sammeln >
       Geben und Annehmen in Balance bringen
46/10   durch Pflichterfüllung* & Prüfungen > loslassen
       lernen
47     LEBENSAUFGABE

## Namenszahl: Lebensaufgabe = 47

**Entwicklung und Umsetzung von**
Pflichtbewusstsein zum Ich + Du + Wir* & Selbstlosigkeit

## Seelenzahl: Lebenssinn = 11

dem Ruf der Seele folgen, das Erwachen der Spiritualität in sich
und um sich stärken

# BRIGITTE

## Wesenselemente
Innere Kräfte und Entwicklungsziele

### Die Suche

**Der Weg zum Ich**

| | | |
|---|---|---|
| B | 2 | Beziehung zu sich selbst suchen |
| R | 20 | Verbindung zur Seele/zu Gott suchen |
| I | 10 | Sehnsucht nach innerer Freiwerdung |

### Die Kraft der Mitte: 13 Wandlungsbereitschaft

**Der letzte Schritt nach innen/das Tor zur Selbstfindung**

| | | |
|---|---|---|
| G | 3 | emotionalen und mentalen Frieden finden |

**Der erste Schritt nach außen zur Verwirklichung**

| | | |
|---|---|---|
| I | 10 | innere Freiheit finden und als Geschenk hinaustragen/weitergeben |

### Die Verwirklichung

**Wege nach außen, zum Du und zum Wir**

| | | |
|---|---|---|
| T | 9 | Toleranz zum Du |
| T | 9 | Toleranz zum Wir |
| E | 5 | Liebe geben |

---

\* und/oder: durch Frieden & Liebe zu einem Meister finden

\*\* Pflichtthema zum Du = Geburtsmonat, Wir = Geburtsjahr, Seele = Seelenzahl

# Lernstufen

## Namenszahl: Lebensaufgabe = 68

**Entwicklung und Umsetzung von**
Bewusstwerdung & innerer Halt

## Seelenzahl: Lebenssinn = 14

neue Wege finden und vorleben und zeigen und führen

# BORIS

## Wesenselemente
Innere Kräfte und Entwicklungsziele

### Die Suche

**Der Weg zum Ich**

| | | |
|---|---|---|
| B | 2 | Beziehung zu sich selbst |
| O | 16 | Lernbereitschaft, Offenheit für alle Lernchancen des Lebens |

### Die Kraft der Mitte: Verbindung zu Gott

**Das Tor zur Selbstfindung**

| | | |
|---|---|---|
| R | 20 | Verbindung zur Seele/zu Gott erneuern |

### Die Verwirklichung

**Wege nach außen, zum Du und zum Wir**

| | | |
|---|---|---|
| I | 10 | loslassen lernen, Freiraum geben |
| S | 21 | Erfolg bei allen selbstlosen Vorhaben, öffentliche Anerkennung |

---

\* und/oder: durch inneren Frieden & die Führung eines Meisters

# Lernstufen

### Ich-Bereich

2       sich selbst begegnen lernen

18      Ordnung und Klarheit in sich schaffen, Ängste und Selbstzweifel besiegen

### Mitte

38/11*    durch inneren Frieden & Halt > die Weisheit der Seele entdecken lernen

### Du- und Wir-Bereich

48/12     durch Arbeit für Heilsein/Gesundheit > Verständnis und Hilfe geben

69      LEBENSAUFGABE

## Namenszahl: Lebensaufgabe = 69

**Entwicklung und Umsetzung von**
Selbsterkenntnis & Toleranz

## Seelenzahl: Lebenssinn = 15

die Schwingung der Selbstakzeptanz in sich und um sich vermehren
Selbstverwirklichung und Abschluss dieser Lernebene

# CAROLA

## Wesenselemente
Innere Kräfte und Entwicklungsziele

### Die Suche
**Der Weg zum Ich**

C 11 nach innen hören, der Sehnsucht der Seele folgen

A 1 nach persönlichem Entfaltungsfreiraum streben, Mut zum Ichsein

### Die Kraft der Mitte: 9 Weisheit des Herzens
**Die Schlüssel:**

3 und 6 Frieden & Selbsterkenntnis

**Der letzte Schritt nach innen/das Tor zur Selbstfindung**

R 20 Verbindung zur Seele/zu Gott erneuern

**Der erste Schritt nach außen zur Verwirklichung**

O 16 Lernbereitschaft

### Die Verwirklichung
**Wege nach außen, zum Du und zum Wir**

L 12 Verständnis und Vergebung üben, Hilfsbereitschaft

A 1 sich für die Mitwelt einsetzen

---

\* und/oder: durch Seelenpflichterfüllung & die Führung eines Meisters
\*\* Pflichtthema zur Seele = Seelenzahl

# Lernstufen

**Ich-Bereich**

11      der inneren Stimme folgen lernen

12      sich selbst verstehen und vergeben lernen

**Mitte**

32/5    durch Frieden in der Beziehung zu sich selbst >
        Liebesfähigkeit stärken

48/12*  durch Seelenpflichterfüllung** & inneren Halt >
        vergeben und verstehen lernen

**Du- und Wir-Bereich**

60/6    durch Prüfungen und Neubeginne >
        Bewusstwerdung in und um sich stärken

61      LEBENSAUFGABE

## Namenszahl: Lebensaufgabe = 61

**Entwicklung und Umsetzung von**
Bewusstwerdung & Eigenverantwortung

## Seelenzahl: Lebenssinn = 7

Ego-Grenzen erlösen, die Kraft der Selbstlosigkeit in sich und um
sich stärken

# CHRISTINE

## Wesenselemente
Innere Kräfte und Entwicklungsziele

### Die Suche

**Der Weg zum Ich**

| | | |
|---|---|---|
| CH | 8 | Sehnsucht nach Geborgenheit und innerem Halt |
| R | 20 | Verbindung zur Seele/zu Gott suchen |
| I | 10 | innere Freiwerdung/loslassen vom Ich erstreben |

### Die Kraft der Mitte: 3 Seelenfrieden

**Der Schlüssel:**

| | | |
|---|---|---|
| 30 | | Yoga, Vereinigung von Körper und Geist und Seele |

**Der letzte Schritt nach innen/das Tor zur Selbstfindung**

| | | |
|---|---|---|
| S | 21 | an den eigenen Erfolg glauben |

**Der erste Schritt nach außen zur Verwirklichung**

| | | |
|---|---|---|
| T | 9 | Bewusstseinserweiterung, Toleranzgrenzen ausdehnen |

### Die Verwirklichung

**Wege nach außen, zum Du und zum Wir**

| | | |
|---|---|---|
| I | 10 | loslassen lernen, Freiraum geben, Veränderungsbereitschaft |
| N | 14 | neue Wege finden und zeigen |
| E | 5 | Liebe geben |

---

\* und/oder auch: Selbsterkenntnis durch einen Meister

# Lernstufen

### Ich-Bereich

| | |
|---|---|
| 8 | die eigene Mitte suchen |
| 28/10 | Halt in der Beziehung zu sich selbst suchen > innere Freiheit erobern lernen |
| 38/11 | durch Frieden & innere Balance > Ruf der Seele hören lernen |

### Mitte

| | |
|---|---|
| 59/14 | durch Liebe & Toleranz > neue Wege nach innen finden lernen |
| 68/14* | durch Selbsterkenntnis & innere Balance > neue Wege zur Mitwelt finden |

### Du- und Wir-Bereich

| | |
|---|---|
| 78/15 | durch Selbstlosigkeit & Harmonie verbreiten > Ganzheit finden lernen |
| 92/11 | Toleranz in Beziehungen üben > spirituelles Erwachen in sich und um sich |
| 97 | LEBENSAUFGABE |

## Namenszahl: Lebensaufgabe = 97

**Entwicklung und Umsetzung von**
Toleranz & Selbstlosigkeit

## Seelenzahl: Lebenssinn = 16

lernen und lehren

# CLAUDIA

## Wesenselemente
Innere Kräfte und Entwicklungsziele

### Die Suche
**Der Weg zum Ich**

| | | |
|---|---|---|
| C | 11 | nach innen hören, der Sehnsucht der Seele folgen |
| L | 12 | sich selbst verstehen und vergeben lernen |
| A | 1 | nach persönlichem Entfaltungsfreiraum streben, Mut zum Ichsein |

### Die Kraft der Mitte: Selbsterkenntnis
**Das Tor zur Selbstfindung**

| | | |
|---|---|---|
| U | 6 | alle Antworten in sich selbst finden |

### Die Verwirklichung
**Wege nach außen, zum Du und zum Wir**

| | | |
|---|---|---|
| D | 4 | Pflichten zum Du und Wir* erfüllen |
| I | 10 | loslassen, Veränderungsbereitschaft, Freiraum geben |
| A | 1 | sich für die Mitwelt einsetzen |

---

\* Pflichtthema zum Ich = Geburtstag, Du = Geburtsmonat, Wir = Geburtsjahr

# Lernstufen

**Ich-Bereich**

| | |
|---|---|
| 11 | der inneren Stimme folgen lernen |
| 23/5 | durch Frieden in der Beziehung zu sich selbst > Liebe annehmen lernen |
| 24/6 | sich selbst begegnen & Ich-Pflicht* erfüllen > Selbsterkenntnisse sammeln |

**Mitte**

| | |
|---|---|
| 30/3 | Frieden in der Seele finden lernen, optimales Hilfsmittel: Yoga |

**Du- und Wir-Bereich**

| | |
|---|---|
| 34/7 | durch Pflichterfüllung zum Wir* > Ego-Überwindung üben |
| 44/8 | durch Pflichterfüllung zum Du und Wir* > Harmonie finden und verbreiten lernen |
| 45 | LEBENSAUFGABE |

## Namenszahl: Lebensaufgabe = 45

**Entwicklung und Umsetzung von**
Pflichtbewusstsein zum Ich + Du + Wir* & Liebe

## Seelenzahl: Lebenssinn = 9

die Liebe des Geistes mit der Weisheit des Herzens verbinden und damit die Schwingung der Toleranz in sich und um sich stärken

# CLEMENS

## Wesenselemente
Innere Kräfte und Entwicklungsziele

### Die Suche
**Der Weg zum Ich**

| | | |
|---|---|---|
| C | 11 | nach innen hören, der Sehnsucht der Seele folgen |
| L | 12 | sich selbst verstehen und vergeben lernen |
| E | 5 | Liebe annehmen |

### Die Kraft der Mitte: Wandlungsbereitschaft
**Das Tor zur Selbstfindung**

| | | |
|---|---|---|
| M | 13 | Transformation und Neuwerdung |

### Die Verwirklichung
**Wege nach außen, zum Du und zum Wir**

| | | |
|---|---|---|
| E | 5 | Liebe geben |
| N | 14 | neue Wege zum Du und zum Wir finden und vorleben |
| S | 21 | Erfolg in allen selbstlosen Vorhaben, öffentliche Anerkennung |

---

\* Pflichtthema zum Du = Geburtsmonat, Wir = Geburtsjahr, Seele = Seelenzahl

# Lernstufen

### Ich-Bereich

| | |
|---|---|
| 11 | der inneren Stimme folgen lernen |
| 23/5 | durch Frieden in der Beziehung zu sich selbst > Liebe annehmen lernen |
| 28/10 | in der Beziehung zu sich selbst Halt suchen > innere Freiheit erobern lernen |

### Mitte

| | |
|---|---|
| 41/5 | durch Erfüllung der Seelen-Pflicht* und Erkenntnis der Eigenverantwortung > Liebesfähigkeit stärken |

### Du- und Wir-Bereich

| | |
|---|---|
| 46/10 | durch Pflichterfüllung zum Du und Wir* und aus Prüfungen lernen > Verhaftungen/Erwartungen loslassen, Freiraum geben lernen |
| 60/6 | durch Prüfungen und Neubeginne > Bewusstwerdung stärken |
| 81 | LEBENSAUFGABE |

## Namenszahl: Lebensaufgabe = 81

**Entwicklung und Umsetzung von**
innerem Halt & Eigenverantwortung

## Seelenzahl: Lebenssinn = 9

aus der Weisheit des Herzens leben, die Schwingung der Toleranz in sich und um sich stärken

# DAGMAR

## Wesenselemente

Innere Kräfte und Entwicklungsziele

### Die Suche

**Der Weg zum Ich**

D    4      an sich arbeiten, die Pflicht* sich selbst gegenüber erfüllen

A    1      nach persönlichem Entfaltungsfreiraum suchen, Mut zum Ichsein

### Die Kraft der Mitte: 16 Lernbereitschaft

**Der letzte Schritt nach innen/das Tor zur Selbstfindung**

G    3      inneren Frieden finden

**Der erste Schritt nach außen zur Verwirklichung**

M    13      Wandlungsbereitschaft, Altes abschließen und für Neues bereit werden

### Die Verwirklichung

**Wege nach außen, zum Du und zum Wir**

A    1      sich für die Mitwelt einsetzen

R    20      dem Du wertfrei begegnen, Gott im Du sehen lernen

---

* Pflichtthema zum Ich = Geburtstag, Du = Geburtsmonat

# Lernstufen

**Ich-Bereich**

4  Ich-Pflicht* erfüllen lernen

5  Liebe annehmen lernen

**Mitte**

8  Geben und Annehmen in Balance bringen, und/
oder: einen Meister finden

21  Erfolgsdenken, an sich selbst glauben

**Du- und Wir-Bereich**

22  über den Dingen = Materialismus stehen, neue
Horizonte und Welten finden

42  LEBENSAUFGABE

## Namenszahl: Lebensaufgabe = 42

**Entwicklung und Umsetzung von**
Pflichtbewusstsein (Ich + Du)* & Beziehungsbereitschaft

## Seelenzahl: Lebenssinn = 6
die Schwingung der Bewusstwerdung vermehren

# DANIEL

## Wesenselemente
Innere Kräfte und Entwicklungsziele

### Die Suche

**Der Weg zum Ich**

D 4 Pflichterfüllung* sich selbst gegenüber
A 1 persönlichen Entfaltungfreiraum erobern, Mut zum
Ichsein

### Die Kraft der Mitte: 6 Selbsterkenntnis

**Die Schlüssel:**

2 Beziehung zu sich selbst aufbauen
4 Erfüllung der Seelen-Pflicht*

**Der letzte Schritt nach innen/das Tor zur
Selbstfindung**

N 14 Selbstdisziplin, neue Wege nach innen finden

**Der erste Schritt nach außen zur Verwirklichung**

I 10 loslassen, geistige und emotionale Freiheit erobern
und hinaustragen

### Die Verwirklichung

**Wege nach außen, zum Du und zum Wir**

E 5 Liebe geben
L 12 Verständnis und Vergebung schenken, helfen und
dienen

---

* Pflichtthema zum Ich = Geburtstag, Du = Geburtsmonat, Wir =
Geburtsjahr, Seele = Seelenzahl

## Lernstufen

### Ich-Bereich

4     innere Wandlungsarbeit, Pflichterfüllung* zum Ich

5     Liebe annehmen lernen

### Mitte

19    positives Denken stärken, Zufriedenheit finden lernen

29/11  durch Toleranz zu sich selbst > aus der Weisheit der Seele leben lernen

### Du- und Wir-Bereich

34/7  durch Pflichterfüllung zum Wir* > Selbstlosigkeit üben

46    LEBENSAUFGABE

## Namenszahl: Lebensaufgabe = 46

**Entwicklung und Umsetzung von**

Pflichtgefühl (Ich + Du + Wir)* & Bewusstwerdung

## Seelenzahl: Lebenssinn = 10

Freiwerdung von Bindungen und Bedingungen und Erwartungen, die Kunst des Loslassens leben, als Werkzeug Gottes dienen, Befreiung von dieser Lernebene, das Ich im Einswerden erlösen

# DORIS

## Wesenselemente
Innere Kräfte und Entwicklungsziele

### Die Suche

#### Der Weg zum Ich

D  4   Pflichterfüllung* sich selbst gegenüber
O  16  Lernbereitschaft, Offenheit für alle Lernchancen des Lebens

### Die Kraft der Mitte: Verbindung zu Gott

#### Das Tor zur Selbstfindung

R  20  Verbindung zur Seele/zu Gott erneuern

### Die Verwirklichung

#### Wege nach außen, zum Du und zum Wir

I  10  loslassen lernen, Veränderungsbereitschaft, Freiraum geben
S  21  Erfolg bei allen selbstlosen Vorhaben, öffentliche Anerkennung

---

\* Pflichtthema zum Ich = Geburtstag, Seele = Seelenzahl

# Lernstufen

### Ich-Bereich

4      innere Wandlungsarbeit, Pflichterfüllung* zum Ich

20     Beziehung zur Seele/zu Gott aufbauen lernen

### Mitte

40/4   die Pflicht* der Seele erfüllen lernen

### Du- und Wir-Bereich

50/5   kreativer Selbstausdruck, aus der Fülle des Herzens geben

71     LEBENSAUFGABE

## Namenszahl: Lebensaufgabe = 71

**Entwicklung und Umsetzung von**
Selbstlosigkeit & Eigenverantwortung

## Seelenzahl: Lebenssinn = 8

die Schwingung der Harmonie in sich und um sich vermehren
und/oder: durch die Führung eines Meisters den Lebensplan
erfüllen

# EDITH

## Wesenselemente
Innere Kräfte und Entwicklungsziele

### Die Suche

**Der Weg zum Ich**

E  5  Liebe annehmen

### Die Kraft der Mitte: 14 Selbstdisziplin, Mut zu neuen Seelenwegen

**Der letzte Schritt nach innen/das Tor zur Selbstfindung**

D  4  Ich- und Seelen-Pflicht* erfüllen

**Der erste Schritt nach außen zur Verwirklichung**

I  10  loslassen, innere Freiheit erobern und als Geschenk hinaustragen

### Die Verwirklichung

**Wege nach außen, zum Du und zum Wir**

TH  22  andere Dimensionen finden und damit das Irdische bereichern

---

\* Pflichtthema zum Ich = Geburtstag, Du = Geburtsmonat, Wir = Geburtsjahr, Seele = Seelenzahl

## Lernstufen

## Namenszahl: Lebensaufgabe = 41

**Entwicklung und Umsetzung von**
Pflichtgefühl (Ich + Du + Wir)* & Eigenverantwortung

## Seelenzahl: Lebenssinn = 5

den Sinn des Lebens im Lieben-Lernen erkennen, die Schwingung
der Liebe in sich und um sich stärken, aus Liebe zum Leben sich
selbst verschenken, Erleuchtung und Erlösung verwirklichen

# ELISABETH

## Wesenselemente
Innere Kräfte und Entwicklungsziele

### Die Suche
|   |   | **Der Weg zum Ich** |
|---|---|---|
| E | 5 | Liebe annehmen |
| L | 12 | sich selbst verstehen wollen, Einverständnis mit sich selbst |
| I | 10 | Veränderungsbereitschaft, innere Freiheit suchen |

### Die Kraft der Mitte: 22 Fantasie, Öffnung nach innen und oben
Der letzte Schritt nach innen/das Tor zur Selbstfindung

|   |   |   |
|---|---|---|
| S | 21 | an sich selbst und den eigenen Erfolg glauben |

|   |   | **Der erste Schritt nach außen zur Verwirklichung** |
|---|---|---|
| A | 1 | das eigene Potenzial anerkennen und entfalten und umsetzen |

### Die Verwirklichung
|   |   | **Wege nach außen, zum Du und zum Wir** |
|---|---|---|
| B | 2 | Beziehungsbereitschaft, aus Partnerschaften lernen |
| E | 5 | Liebe geben |
| TH | 22 | andere Dimensionen erobern und damit das Irdische bereichern |

---

\* und/oder: durch Seelenpflichterfüllung & die Führung eines Meisters >
\*\* Pflichtthema Seele = Seelenzahl

# Lernstufen

### Ich-Bereich

| | |
|---|---|
| 5 | Liebe annehmen lernen |
| 17 | Glaubensinhalte finden lernen |
| 27/9 | durch sich selbst begegnen & das Ego überwinden lernen >Toleranz üben |

### Mitte

| | |
|---|---|
| 48/12* | Seelenpflicht** erfüllen & inneren Halt finden > sich selbst vergeben |
| 49/13 | durch Erfüllung der Seelenpflicht* & Bewusstseinserweiterung > Wandlung |

### Du- und Wir-Bereich

| | |
|---|---|
| 51/6 | in der Liebe Eigenverantwortung übernehmen > Selbsterkenntnisse gewinnen |
| 56/11 | in der Liebe geprüft werden> spirituelles Erwachen in sich und um sich stärken |
| 78 | LEBENSAUFGABE |

## Namenszahl: Lebensaufgabe = 78

**Entwicklung und Umsetzung von**
Selbstlosigkeit & innerer Halt

## Seelenzahl: Lebenssinn = 15

Selbstverwirklichung, die Kraft der Selbstakzeptanz in sich und um sich vermehren, Erfüllung dieser Lernebene

# EMANUEL

## Wesenselemente
Innere Kräfte und Entwicklungsziele

## Die Suche

### Der Weg zum Ich
| | | |
|---|---|---|
| E | 5 | Liebe annehmen |
| M | 13 | Wandlungsbereitschaft |
| A | 1 | persönlichen Freiraum erobern, Mut zum Ichsein |

## Die Kraft der Mitte: Selbstdisziplin und Mut zu neuen Seelenwegen

### Das Tor zur Selbstfindung
| | | |
|---|---|---|
| N | 14 | neue Wege zum wahren Ich finden und gehen |

## Die Verwirklichung

### Wege nach außen, zum Du und zum Wir
| | | |
|---|---|---|
| U | 6 | aus Prüfungen in Beziehungen Selbsterkenntnisse gewinnen |
| E | 5 | Liebe geben |
| L | 12 | (Ein)Verständnis mit allen und allem |

---

\* Pflichtthema zum Du = Geburtsmonat, Wir = Geburtsjahr

# Lernstufen

**Ich-Bereich**

| | |
|---|---|
| 5 | Liebe annehmen lernen |
| 18 | Ordnung und Klarheit in sich schaffen |
| 19 | positives Denken üben und Zufriedenheit finden |

**Mitte**

| | |
|---|---|
| 33/6 | durch Frieden im Wollen und Denken > sich selbst erkennen |

**Du- und Wir-Bereich**

| | |
|---|---|
| 39/12 | allen mit Toleranz begegnen > Vergebung und Verständnis und Hilfe geben |
| 44/8 | Du- und Wir-Pflichten* erfüllen > Geben und Annehmen in Balance bringen |
| 56 | LEBENSAUFGABE |

## Namenszahl: Lebensaufgabe = 56

**Entwicklung und Umsetzung von**
Liebe & Bewusstwerdung
mit Liebe erfüllte Selbstbewusstheit, „ich bin Liebe"

## Seelenzahl: Lebenssinn = 11

dem Ruf der Seele folgen, das Erwachen der Spiritualität in sich und um sich stärken

# EVA

## Wesenselemente
Innere Kräfte und Entwicklungsziele

## Die Suche
**Der Weg zum Ich**
E   5   Liebe annehmen

## Die Kraft der Mitte: Selbsterkenntnis
**Das Tor zur Selbstfindung**
V   6   Antworten in sich selbst finden

## Die Verwirklichung
**Wege nach außen, zum Du und zum Wir**
A   1   sich für die Mitwelt einsetzen

# Lernstufen

## Namenszahl: Lebensaufgabe = 12

**Entwicklung und Umsetzung von**
Verständnis & Vergebung, Hingabe, Dankbarkeit, Hilfsbereitschaft

## Seelenzahl: Lebenssinn = 12

Einverstandensein mit allem, was war, ist und sein wird

# FRANZ

## Wesenselemente
Innere Kräfte und Entwicklungsziele

### Die Suche

**Der Weg zum Ich**

| | | |
|---|---|---|
| F | 17 | nach Glaubensinhalten und Idealen streben |
| R | 20 | Verbindung zur Seele/zu Gott suchen |

### Die Kraft der Mitte: Willenskraft

**Das Tor zur Selbstfindung**

| | | |
|---|---|---|
| A | 1 | (An)Erkennen des eigenen Potenzials |

### Die Verwirklichung

**Wege nach außen, zum Du und zum Wir**

| | | |
|---|---|---|
| N | 14 | neue Wege zur Mitwelt finden und vorleben |
| Z | 7 | selbstlos wollen und denken und handeln |

---

\* und/oder: durch geistige Verbundenheit mit einem Meister >

## Lernstufen

**Ich-Bereich**

| | |
|---|---|
| 17 | Glaubenskraft stärken |
| 37/10 | durch Frieden & Ego-Überwindung > innere Freiwerdung finden lernen |

**Mitte**

| | |
|---|---|
| 38/11* | durch inneren Frieden & Halt > den Ruf der Seele hören und ihm folgen |

**Du- und Wir-Bereich**

| | |
|---|---|
| 52/7 | aus Liebe zu (Lern-)Partnern das Ego überwinden |
| 59 | LEBENSAUFGABE |

## Namenszahl: Lebensaufgabe = 59

**Entwicklung und Umsetzung von**
Liebe & Toleranz

## Seelenzahl: Lebenssinn = 14

neue Wege zur Meisterung des Irdischen finden und vorleben

# GABRIELE

## Wesenselemente
Innere Kräfte und Entwicklungsziele

### Die Suche
**Der Weg zum Ich**

| | | |
|---|---|---|
| G | 3 | Sehnsucht nach innerem Frieden |
| A | 1 | persönlichen Entfaltungsfreiraum suchen, Mut zum Ichsein |
| B | 2 | Beziehung zu sich selbst suchen |

### Die Kraft der Mitte: 3 Seelenfrieden
**Der Schlüssel:**

| | |
|---|---|
| 30 | Yoga, Vereinigung von Körper und Geist und Seele |

**Der letzte Schritt nach innen/das Tor zur Selbstfindung**

| | | |
|---|---|---|
| R | 20 | Verbindung zur Seele/zu Gott erneuern |

**Der erste Schritt nach außen zur Verwirklichung**

| | | |
|---|---|---|
| I | 10 | innere Freiwerdung erobern und als Geschenk hinaustragen |

### Die Verwirklichung
**Wege nach außen, zum Du und zum Wir**

| | | |
|---|---|---|
| E | 5 | dem Du Liebe schenken |
| L | 12 | Verständnis und Vergebung schenken |
| E | 5 | dem Wir Liebe schenken |

---

\* und/oder: > einen Meister finden
\*\* Pflichtthema zum Ich = Geburtstag, Du = Geburtsmonat, Wir = Geburtsjahr

# Lernstufen

### Ich-Bereich

3     inneren Frieden finden lernen

4     die Pflicht** sich selbst gegenüber erfüllen lernen

6     Innenwendung, sich selbst erfahren und erkennen lernen

### Mitte

26/8*     durch die Begegnung mit sich selbst > inneren Halt finden lernen

36/9     durch Frieden & Selbsterkenntnis > zur Weisheit des Herzens finden

### Du- und Wir-Bereich

41/5     durch Pflichterfüllung zum Du und Wir** & aktiven Selbsteinsatz > Liebe geben

53/8     ein Bote der Liebe sein > Harmonie verbreiten

58     LEBENSAUFGABE

## Namenszahl: Lebensaufgabe = 58

**Entwicklung und Umsetzung von**
Liebe & innerer Halt

## Seelenzahl: Lebenssinn = 13

Transformation verwirklichen, Wandlungskraft in sich und um sich stärken,
bereit werden für einen Neubeginn in einer anderen Lernebene

# GEORG

## Wesenselemente
Innere Kräfte und Entwicklungsziele

### Die Suche

**Der Weg zum Ich**

G   3    Sehnsucht nach innerem Frieden
E   5    Liebe annehmen

### Die Kraft der Mitte: Lernbereitschaft

**Das Tor zur Selbstfindung**

O   16    offen sein für die Weisheit des Lebens

### Die Verwirklichung

**Wege nach außen, zum Du und zum Wir**

R   20    dem Du wertfrei begegnen
G   3    Begegnungsbereitschaft, dem Wir dienen

---

\* Pflichtthema zum Ich = Geburtstag, Du = Geburtsmonat, Wir = Geburtsjahr, Seele = Seelenzahl

## Lernstufen

### Ich-Bereich

| | |
|---|---|
| 3 | inneren Frieden finden lernen |
| 8 | inneren Halt finden lernen |

### Mitte

| | |
|---|---|
| 24/6 | durch Beziehung zu sich selbst & Seelen-Pflichterfüllung* > Selbsterkenntnis |

### Du- und Wir-Bereich

| | |
|---|---|
| 44/8 | Du- & Wir-Pflichten* erfüllen > Harmonie verbreiten |
| 47 | LEBENSAUFGABE |

## Namenszahl: Lebensaufgabe = 47

**Entwicklung und Umsetzung von**
Pflichtgefühl zum Ich + Du + Wir* & Selbstlosigkeit

## Seelenzahl: Lebenssinn = 11

dem Ruf der Seele folgen, das Erwachen der Spiritualität in sich und um sich stärken

# GERTRUDE

## Wesenselemente

Innere Kräfte und Entwicklungsziele

### Die Suche

**Der Weg zum Ich**

| | | |
|---|---|---|
| G | 3 | Sehnsucht nach innerem Frieden |
| E | 5 | Liebe annehmen |
| R | 20 | Verbindung zur Seele/zu Gott suchen |

### Die Kraft der Mitte: 11 Weisheit der Seele

**Die Schlüssel:**

| | |
|---|---|
| 2 | Beziehung zu sich selbst finden |
| 9 | auf die Weisheit des Herzens hören |

**Der letzte Schritt nach innen/das Tor zur Selbstfindung**

| | | |
|---|---|---|
| T | 9 | Toleranz zu sich selbst |

**Der erste Schritt nach außen zur Verwirklichung**

| | | |
|---|---|---|
| R | 20 | Gott im Du sehen lernen |

### Die Verwirklichung

**Wege nach außen, zum Du und zum Wir**

| | | |
|---|---|---|
| U | 6 | Selbsterkenntnis durch Beziehungen |
| D | 4 | Pflicht* dem Du und Wir gegenüber erfüllen |
| E | 5 | Liebe geben |

---

\* Pflichtthema zum Du = Geburtsmonat, Wir = Geburtsjahr

## Lernstufen

### Ich-Bereich

| | |
|---|---|
| 3 | inneren Frieden finden lernen |
| 8 | inneren Halt finden lernen |
| 28/10 | durch Beziehung zu sich selbst & inneren Halt > das Ich loslassen lernen |

### Mitte

| | |
|---|---|
| 37/10 | durch Frieden & Selbstlosigkeit > innere Freiwerdung fördern |
| 57/12 | durch Liebe & Selbstlosigkeit > sich selbst vergeben und verstehen lernen |

### Du- und Wir-Bereich

| | |
|---|---|
| 63/9 | durch Weitervermitteln der Selbsterkenntnisse > Toleranz vermehren |
| 67/13 | Prüfungen des Egos > Wandlung, Altes loslassen und für Neues bereit werden |
| 72 | LEBENSAUFGABE |

## Namenszahl: Lebensaufgabe = 72

**Entwicklung und Umsetzung von**
Selbstlosigkeit & Beziehungsbereitschaft

## Seelenzahl: Lebenssinn = 9

Toleranz, aus der Weisheit des Herzens leben und lieben und geben

# GÜNTHER

## Wesenselemente
Innere Kräfte und Entwicklungsziele

### Die Suche
**Der Weg zum Ich**

| | | |
|---|---|---|
| G | 3 | inneren Frieden suchen |
| Ü | 6 | sich selbst suchen |

### Die Kraft der Mitte: 9 Toleranz, Weisheit des Herzens
**Die Schlüssel:**

| | |
|---|---|
| 3 | inneren Frieden finden |
| 6 | Antworten in sich selbst entdecken |

**Der letzte Schritt nach innen/das Tor zur Selbstfindung**

| | | |
|---|---|---|
| N | 14 | Selbstdisziplin, neue Wege zu sich selbst finden |

**Der erste Schritt nach außen zur Verwirklichung**

| | | |
|---|---|---|
| TH | 22 | Vorstellungskraft, über die irdischen Grenzen hinausschen |

### Die Verwirklichung
**Wege nach außen, zum Du und zum Wir**

| | | |
|---|---|---|
| E | 5 | Liebe geben |
| R | 20 | dem Du wertfrei begegnen, Gott in allem und allen sehen |

---

\* Pflichtthema zur Seele = Seelenzahl

# Lernstufen

### Ich-Bereich

3     inneren Frieden finden lernen

9     Bewusstsein erweitern und Toleranz zu sich selbst übern

### Mitte

23/5     durch Frieden in der Beziehung zu sich selbst > Liebe annehmen lernen

45/9     durch Seelen-Pflichterfüllung* & Liebe > Bewusstsein erweitern

### Du- und Wir-Bereich

50/5     aus der Fülle des Herzens lieben, kreativer Selbstausdruck

70     LEBENSAUFGABE

## Namenszahl: Lebensaufgabe = 70

**Entwicklung und Umsetzung von**
Selbstlosigkeit & Wertfreiheit

## Seelenzahl: Lebenssinn = 7

Ich-Grenzen erlösen, die Schwingung der Selbstlosigkeit in sich und um sich stärken

# HANNELORE

## Wesenselemente
Innere Kräfte und Entwicklungsziele

### Die Suche
**Der Weg zum Ich**

| | | |
|---|---|---|
| H | 8 | nach Geborgenheit suchen |
| A | 1 | nach persönlichem Entfaltungsfreiraum streben |
| N | 14 | Selbstdisziplin |
| N | 14 | neue Wege zu sich selbst suchen |

### Die Kraft der Mitte: Liebe
**Das Tor zur Selbstfindung**

| | | |
|---|---|---|
| E | 5 | den Sinn des Lebens im Lieben-Lernen erkennen |

### Die Verwirklichung
**Wege nach außen, zum Du und zum Wir**

| | | |
|---|---|---|
| L | 12 | Vergebung und Verständnis schenken |
| O | 16 | lernen und lehren |
| R | 20 | dem Du wertfrei begegnen |
| E | 5 | Liebe geben |

---

* Pflichtthema zum Ich = Geburtstag, Du = Geburtsmonat, Wir = Geburtsjahr, Seele = Seelenzahl

# Lernstufen

**Ich-Bereich**

| | |
|---|---|
| 8 | inneren Halt finden lernen |
| 9 | Bewusstsein erweitern lernen |
| 23/5 | durch Frieden in der Beziehung zu sich selbst > Liebe annehmen lernen |
| 37/10 | durch inneren Frieden & Ego-Überwindung > innere Freiwerdung finden |

**Mitte**

| | |
|---|---|
| 42/6 | durch Ich- und Seelen-Pflichterfüllung* > Selbsterkenntnis finden |

**Du- und Wir-Bereich**

| | |
|---|---|
| 54/9 | durch Liebe & Pflichterfüllung zum Du und Wir* > Toleranz stärken |
| 70/7 | durch Selbstlosigkeit & Offenheit > das Ego meistern |
| 90/9 | durch Toleranz & Offenheit > Toleranz in sich und um sich stärken |
| 95 | LEBENSAUFGABE |

## Namenszahl: Lebensaufgabe = 95

**Entwicklung und Umsetzung von**
Toleranz & Liebe

## Seelenzahl: Lebenssinn = 14

neue Wege zur Meisterung des Irdischen finden und vorleben

# HELGA

## Wesenselemente
Innere Kräfte und Entwicklungsziele

### Die Suche

**Der Weg zum Ich**

H    8    Sehnsucht nach Geborgenheit
E    5    Liebe annehmen

### Die Kraft der Mitte: Hingabe

**Das Tor zur Selbstfindung**

L    12    sich selbst verstehen und vergeben, Einverständnis
für sich selbst

### Die Verwirklichung

**Wege nach außen, zum Du und zum Wir**

G    3    Begegnungsbereitschaft
A    1    sich für die Mitwelt einsetzen

# Lernstufen

**Ich-Bereich**

| | |
|---|---|
| 8 | inneren Halt finden lernen |
| 13 | Wandlungsbereitschaft |

**Mitte**

| | |
|---|---|
| 25/7 | durch Liebe in der Beziehung zu sich selbst > Ego überwinden lernen |

**Du- und Wir-Bereich**

| | |
|---|---|
| 28/10 | durch Mittelwege zum Du finden > Freiraum geben und loslassen lernen |
| 29 | LEBENSAUFGABE |

## Namenszahl: Lebensaufgabe = 29

**Entwicklung und Umsetzung von**
Beziehungsbereitschaft & Toleranz

## Seelenzahl: Lebenssinn = 11

dem Ruf der Seele folgen, das spirituelle Erwachen in sich und um sich stärken

# HELMUT

## Wesenselemente
Innere Kräfte und Entwicklungsziele

### Die Suche

**Der Weg zum Ich**

H   8   Sehnsucht nach innerer Geborgenheit

E   5   Liebe annehmen

### Die Kraft der Mitte: 7 Selbstlosigkeit

**Die Schlüssel:**

2       Beziehung zu sich selbst finden, sich selbst begegnen

5       lieben um der Liebe willen

**Der letzte Schritt nach innen/das Tor zur Selbstfindung**

L   12  sich selbst verstehen und vergeben

**Der erste Schritt nach außen zur Verwirklichung**

M   13  Wandlungsbereitschaft, das „alte" Ich loslassen und neu werden

### Die Verwirklichung

**Wege nach außen, zum Du und zum Wir**

U   6   Selbsterkenntnisse aus allen Begegnungen und Beziehungen gewinnen

T   9   Toleranz üben

---

\* und/oder: durch inneren Frieden & die Führung eines Meisters >
\*\* Pflichtthema zum Du = Geburtsmonat, Wir = Geburtsjahr

## Lernstufen

### Ich-Bereich
8  inneren Halt finden lernen
13  Wandlungsbereitschaft

### Mitte
25/7  Beziehung zu sich selbst mit Liebe erfüllen > Ego
    meistern
38/11* durch inneren Frieden & Halt > Weisheit der Seele
    entdecken

### Du- und Wir-Bereich
44/8  durch Pflichterfüllung** zum Du & Wir >
    Harmonie verbreiten
53   LEBENSAUFGABE

## Namenszahl: Lebensaufgabe = 53

**Entwicklung und Umsetzung von**
Liebe & Wir-Gefühl
ein Bote der Liebe sein

## Seelenzahl: Lebenssinn = 8

Harmonie in sich und um sich stärken
und/oder: durch die Führung eines Meisters den Lebensplan
erfüllen

# INGEBORG

## Wesenselemente
Innere Kräfte und Entwicklungsziele

### Die Suche

**Der Weg zum Ich**

| | | |
|---|---|---|
| I | 10 | Sehnsucht nach innerer Freiheit |
| N | 14 | Selbstdisziplin entwickeln und neue Wege nach innen suchen |
| G | 3 | inneren Frieden suchen |

### Die Kraft der Mitte: 7 Selbstlosigkeit

**Der letzte Schritt nach innen/das Tor zur Selbstfindung**

| | | |
|---|---|---|
| E | 5 | sich selbst mit Liebe begegnen |

**Der erste Schritt nach außen zur Verwirklichung**

| | | |
|---|---|---|
| B | 2 | Beziehung zu sich selbst stärken, beziehungsbereit für andere werden |

### Die Verwirklichung

**Wege nach außen, zum Du und zum Wir**

| | | |
|---|---|---|
| O | 16 | lernen und lehren |
| R | 20 | dem Du wertfrei begegnen, Gott im Du sehen lernen |
| G | 3 | Begegnungsbereitschaft, dem Wir dienen |

---

* Pflichtthema zum Ich = Geburtstag, Seelenpflicht = Seelenzahl

# Lernstufen

### Ich-Bereich

10     innere Unabhängigkeit finden lernen, loslassen lernen

24/6     durch Aufbau einer Beziehung zu sich selbst & Ich-Pflichterfüllung* > Selbsterkenntnisse gewinnen

27/9     durch Stärkung der Beziehung zu sich selbst & Ego-Überwindung > sich selbst mit Toleranz begegnen lernen, Bewusstseinserweiterung erreichen

### Mitte

32/5     durch Frieden & Beziehung zu sich selbst > Liebesfähigkeit stärken

34/7     durch inneren Frieden & Seelenpflichterfüllung* > Ego-Überwindung

### Du- und Wir-Bereich

50/5     aus der Fülle des Herzens geben, kreativer Selbstausdruck

70/7     durch Selbstlosigkeit & Offenheit > das Ego meistern

73     LEBENSAUFGABE

## Namenszahl: Lebensaufgabe = 73

**Entwicklung und Umsetzung von**
Selbstlosigkeit & Wir-Gefühl
ein Bote der Selbstlosigkeit sein

## Seelenzahl: Lebenssinn = 10

innere Freiwerdung, als Werkzeug Gottes dienen, das Ich erlösen und wieder eins werden mit dem Ursprung der Seele, die Kunst des Loslassens leben, Befreiung von dieser Lernebene

# JOHANNA

## Wesenselemente
Innere Kräfte und Entwicklungsziele

### Die Suche
**Der Weg zum Ich**

| | | |
|---|---|---|
| J | 10 | Sehnsucht nach innerer Freiwerdung |
| O | 16 | Lernbereitschaft, Offenheit für alle Lernchancen des Lebens |
| H | 8 | Sehnsucht nach innerer Geborgenheit |

### Die Kraft der Mitte: Willenskraft
**Das Tor zur Selbstfindung**

| | | |
|---|---|---|
| A | 1 | das eigene Potenzial erkennen und anerkennen und nutzen |

### Die Verwirklichung
**Wege nach außen, zum Du und zum Wir**

| | | |
|---|---|---|
| N | 14 | Selbstdisziplin stärken, neue Wege zum Du finden und vorleben |
| N | 14 | neue Wege zum Wir finden und vorleben |
| A | 1 | sich für die anderen einsetzen |

---

\* und/oder: durch inneren Frieden & Liebe zu einem Meister finden

\*\* Pflichtthema zum Ich = Geburtstag, Du = Geburtsmonat, Wir = Geburtsjahr

## Lernstufen

### Ich-Bereich

10 innere Unabhängigkeit finden, loslassen lernen

26/8 durch Aufbau einer Beziehung zu sich selbst & durch Selbsterkenntnisse > inneren Halt finden lernen

34/7 durch Frieden & Ich-Pflichterfüllung** > Ego überwinden lernen

### Mitte

35/8* durch inneren Frieden & Liebe > inneren Halt finden

### Du- und Wir-Bereich

49/13 durch Pflichterfüllung zum Du und Wir** & Toleranz > Wandlungsschritt

63/9 durch Vermitteln der Selbsterkenntnisse > Toleranz in sich und um sich stärken

64 LEBENSAUFGABE

## Namenszahl: Lebensaufgabe = 64

**Entwicklung und Umsetzung von**
Bewusstwerdung & Pflichtgefühl (Ich + Du + Wir)*

## Seelenzahl: Lebenssinn = 10

innere Freiwerdung, das „Ich will" loslassen lernen, als Werkzeug Gottes dienen, Befreiung von dieser Lernebene

# JÜRGEN

## Wesenselemente
Innere Kräfte und Entwicklungsziele

### Die Suche

**Der Weg zum Ich**

| | | |
|---|---|---|
| J | 10 | Sehnsucht nach innerer Freiwerdung |
| Ü | 6 | sich selbst suchen, bereit sein für Selbsterkenntnisse |

### Die Kraft der Mitte: 5 Liebe

**Die Schlüssel:**

| | |
|---|---|
| 2 | Beziehung zu sich selbst aufbauen |
| 3 | inneren Frieden finden |

**Der letzte Schritt nach innen/das Tor zur Selbstfindung**

| | | |
|---|---|---|
| R | 20 | die Verbindung zur Seele/zu Gott erneuern |

**Der erste Schritt nach außen zur Verwirklichung**

| | | |
|---|---|---|
| G | 3 | inneren Frieden stärken und als Geschenk hinaustragen |

### Die Verwirklichung

**Wege nach außen, zum Du und zum Wir**

| | | |
|---|---|---|
| E | 5 | Liebe geben |
| N | 14 | neue Wege des Miteinanders finden und vorleben |

---

\* Pflichtthema zum Du = Geburtsmonat, Wir = Geburtsjahr

# Lernstufen

## Namenszahl: Lebensaufgabe = 58

**Entwicklung und Umsetzung von**
Liebe & innerer Halt

## Seelenzahl: Lebenssinn = 13

Wandlung, das Irdische abschließen und bereit werden für eine neue Lernebene

# JULIA

## Wesenselemente
Innere Kräfte und Entwicklungsziele

### Die Suche
**Der Weg zum Ich**

J   10   nach innerer Freiwerdung/Unabhängigkeit suchen

U   6   sich selbst suchen, offen sein für Selbsterkenntnisse

### Die Kraft der Mitte: Hingabe
**Das Tor zur Selbstfindung**

L   12   sich selbst verstehen und vergeben, einverstanden mit sich selbst sein

### Die Verwirklichung
**Wege nach außen, zum Du und zum Wir**

I   10   loslassen lernen, Freiraum geben

A   1   sich für die Mitwelt einsetzen

---

\* und/oder: Verbindung mit einem Meister, der zur Befreiung führt

## Lernstufen

**Ich-Bereich**

10      innere Freiheit finden lernen, loslassen lernen

16      Offenheit für die Weisheit des Lebens, Erfahrungen in Erkenntnisse umsetzen

**Mitte**

28/10*    in der Beziehung zu sich selbst Halt finden > innere Freiheit erobern

**Du- und Wir-Bereich**

38/11    durch Mittelwege zum Wir > Spiritualität in sich und um sich stärken

39      LEBENSAUFGABE

## Namenszahl: Lebensaufgabe = 39

**Entwicklung und Umsetzung von**
Wir-Gefühl & Toleranz

## Seelenzahl: Lebenssinn = 12

Einverstandensein mit allem was ist, war und sein wird

# JUTTA

## Wesenselemente

Innere Kräfte und Entwicklungsziele

### Die Suche

**Der Weg zum Ich**

| | | |
|---|---|---|
| J | 10 | Sehnsucht nach innerer Freiheit/Unabhängigkeit |
| U | 6 | sich selbst suchen, offen sein für Selbsterkenntnisse |

### Die Kraft der Mitte: Weisheit des Herzens

**Das Tor zur Selbstfindung**

| | | |
|---|---|---|
| T | 9 | Bewusstseinserweiterung, sich selbst mit Toleranz begegnen |

### Die Verwirklichung

**Wege nach außen, zum Du und zum Wir**

| | | |
|---|---|---|
| T | 9 | Toleranz zum Du und zum Wir |
| A | 1 | sich für die Mitwelt einsetzen |

---

\* Pflichtthema zum Wir = Geburtsjahr

# Lernstufen

### Ich-Bereich
| | |
|---|---|
| 10 | innere Unabhängigkeit finden lernen |
| 16 | Offenheit für die Weisheit des Lebens, Erfahrungen in Erkenntnisse umsetzen |

### Mitte
| | |
|---|---|
| 25/7 | durch eine liebevolle Beziehung zu sich selbst > Ego überwinden lernen |

### Du- und Wir-Bereich
| | |
|---|---|
| 34/7 | durch Pflichterfüllung zum Wir* > Selbstlosigkeit üben |
| 35 | LEBENSAUFGABE |

## Namenszahl: Lebensaufgabe = 35
**Entwicklung und Umsetzung von**
Wir-Gefühl & Liebe

## Seelenzahl: Lebenssinn = 8
die Schwingung der Harmonie in sich und um sich stärken
und/oder: durch Führung eines Meisters den irdischen Lebensplan
erfüllen

# KARIN

## Wesenselemente
Innere Kräfte und Entwicklungsziele

### Die Suche

**Der Weg zum Ich**

| | | |
|---|---|---|
| K | 11 | Sehnsucht nach höherer Weisheit |
| A | 1 | Eigenverantwortung, Mut zum Ichsein |

### Die Kraft der Mitte: Verbindung zu Gott

**Das Tor zur Selbstfindung**

| | | |
|---|---|---|
| R | 20 | die Bindung zur Seele/zu Gott erneuern |

### Die Verwirklichung

**Wege nach außen, zum Du und zum Wir**

| | | |
|---|---|---|
| I | 10 | loslassen lernen, Freiraum geben |
| N | 14 | neue Wege des Miteinanders und Füreinanders finden und vorleben |

---

\* Pflichtthema zum Du = Geburtsmonat

## Lernstufen

**Ich-Bereich**

11      die innere Stimme an- und erhören lernen

12      sich selbst verstehen und vergeben lernen

**Mitte**

32/5    durch Frieden in der Beziehung zu sich selbst >
        Liebespotenzial entfalten

**Du- und Wir-Bereich**

42/6    durch Pflichterfüllung zum Du* > Bewusstwerdung
        in sich und um sich steigern

56      LEBENSAUFGABE

## Namenszahl: Lebensaufgabe = 56

**Entwicklung und Umsetzung von**
Liebe & Bewusstwerdung
mit Liebe erfüllte Selbstbewusstheit, „ich bin Liebe"

## Seelenzahl: Lebenssinn = 11

aus der Weisheit der Seele leben und lieben und geben, dem Ruf
der Seele folgen,
das Erwachen der Spiritualität in sich und um sich stärken

# KATHARINA

## Wesenselemente
Innere Kräfte und Entwicklungsziele

### Die Suche

**Der Weg zum Ich**

| | | |
|---|---|---|
| K | 11 | Sehnsucht nach höherer Weisheit |
| A | 1 | Eigenverantwortung, Mut zum Ichsein |
| TH | 22 | Fantasie als Schlüssel zu anderen Erlebniswelten |

### Die Kraft der Mitte: 21 Erfolg bei allem, was du aus ganzem Herzen willst und tust

**Der letzte Schritt nach innen/das Tor zur Selbstfindung**

| | | |
|---|---|---|
| A | 1 | das eigene Kraftpotenzial erkennen und bejahen und entfalten |
| R | 20 | Der erste Schritt nach außen zur Verwirklichung dem Du wertfrei begegnen, bereit sein für Lernpartnerschaft/en |

### Die Verwirklichung

**Wege nach außen, zum Du und zum Wir**

| | | |
|---|---|---|
| I | 10 | loslassen lernen, Freiraum geben |
| N | 14 | neue Wege zum Du und zum Wir finden und vorleben |
| A | 1 | sich für die Mitwelt einsetzen |

---

\* und/oder: > einen Meister finden
\*\* Pflichtthema zum Ich = Geburtstag

## Lernstufen

### Ich-Bereich

| | |
|---|---|
| 11 | auf die innere Führung achten lernen |
| 12 | sich selbst verstehen und vergeben |
| 34/7 | durch Frieden & Ich-Pflichterfüllung** > Ego-Überwindung üben |

### Mitte

| | |
|---|---|
| 35/8* | durch inneren Frieden & Liebe > inneren Halt stärken |
| 55/10 | durch Liebe im Wollen & Denken > loslassen und innere Freiwerdung erobern |

### Du- und Wir-Bereich

| | |
|---|---|
| 65/11 | durch Prüfungen zum Thema Liebe > spirituelles Erwachen fördern |
| 79/16 | durch Selbstlosigkeit & Toleranz > lernen und lehren |
| 80 | LEBENSAUFGABE |

## Namenszahl: Lebensaufgabe = 80

**Entwicklung und Umsetzung von**
innerem Halt & Wertfreiheit

## Seelenzahl: Lebenssinn = 8

die Schwingung der Harmonie in sich und um sich stärken
und/oder: durch Führung eines Meisters den irdischen Lebensplan
erfüllen

# KEVIN

## Wesenselemente
Innere Kräfte und Entwicklungsziele

### Die Suche

**Der Weg zum Ich**

K   11   Sehnsucht nach höherer Weisheit

E   5   Liebe annehmen

### Die Kraft der Mitte: Selbsterkenntnis

**Das Tor zur Selbstfindung**

V   6   alle Antworten in sich selbst finden

### Die Verwirklichung

**Wege nach außen, zum Du und zum Wir**

I   10   loslassen lernen, Freiraum geben

N   14   neue Wege des Miteinanders und Füreinanders finden und vorleben

---

\* Pflichtthema zum Ich = Geburtstag, Du = Geburtsmonat, Wir = Geburtsjahr

# Lernstufen

### Ich-Bereich

### Mitte

### Du- und Wir-Bereich

# Namenszahl: Lebensaufgabe = 46

**Entwicklung und Umsetzung von**
Pflichtbewusstsein (Ich + Du + Wir)* & Selbsterkenntnis

# Seelenzahl: Lebenssinn = 10

Freiwerdung von Erwartungen und Verhaftungen, die Kunst des Loslassens leben, als Werkzeug Gottes dienen, Befreiung von der irdischen Lernebene

# LEOPOLD

## Wesenselemente
Innere Kräfte und Entwicklungsziele

### Die Suche

**Der Weg zum Ich**

| | | |
|---|---|---|
| L | 12 | Verständnisentwicklung, Mut zum Sanftsein |
| E | 5 | Liebe annehmen |
| O | 16 | Lernbereitschaft |

### Die Kraft der Mitte: Halt im Glauben

**Das Tor zur Selbstfindung**

| | | |
|---|---|---|
| P | 17 | Idealismus, Glaubensinhalte finden |

### Die Verwirklichung

**Wege nach außen, zum Du und zum Wir**

| | | |
|---|---|---|
| O | 16 | lernen und lehren |
| L | 12 | Verständnis und Vergebung und Hilfe geben |
| D | 4 | Pflichterfüllung zum Du und zum Wir* |

---

\* Pflichtthema zum Du = Geburtsmonat, zum Wir = Geburtsjahr

112

# Lernstufen

## Namenszahl: Lebensaufgabe = 82

**Entwicklung und Umsetzung von**
Mittelwege zum Du finden, Geben und Annehmen in Balance bringen, Harmonie in Beziehungen

## Seelenzahl: Lebenssinn = 10

Freiwerdung von Erwartungen/Bedingungen/Verhaftungen, die Kunst des Loslassens leben, als Werkzeug Gottes dienen, Befreiung von der irdischen Lernebene

# MANFRED

## Wesenselemente
Innere Kräfte und Entwicklungsziele

### Die Suche
**Der Weg zum Ich**

| | | |
|---|---|---|
| M | 13 | Wandlungsbereitschaft |
| A | 1 | Eigenverantwortung, Mut zum Ichsein, Willenskraft einsetzen |
| N | 14 | neue Wege zu sich selbst suchen |

### Die Kraft der Mitte: Halt im Glauben
**Das Tor zur Selbstfindung**

| | | |
|---|---|---|
| F | 17 | Idealismus, Glaubensinhalte finden |

### Die Verwirklichung
**Wege nach außen, zum Du und zum Wir**

| | | |
|---|---|---|
| R | 20 | dem Du wertfrei begegnen |
| E | 5 | Liebe geben |
| D | 4 | Pflichterfüllung zum Du und zum Wir* |

---

* Pflichtthema zum Ich = Geburtstag, Du = Geburtsmonat, Wir = Geburtsjahr, Seele = Seelenzahl

# Lernstufen

## Namenszahl: Lebensaufgabe = 74
**Entwicklung und Umsetzung von**
Selbstlosigkeit & Pflichtbewusstsein (Ich + Du + Wir)*

## Seelenzahl: Lebenssinn = 11
dem Ruf der Seele folgen, aus der Weisheit der Seele leben, das (Wieder)Erwachen der Spiritualität in sich und um sich steigern

# MARGIT

## Wesenselemente

Innere Kräfte und Entwicklungsziele

### Die Suche

**Der Weg zum Ich**

M  13  Wandlungsbereitschaft

A  1  Eigenverantwortung, Mut zum Ichsein,
       Selbstbestimmung

### Die Kraft der Mitte: 5 Liebe

**Die Schlüssel:**

2  Beziehung zu sich selbst aufbauen

3  inneren Frieden finden

**Der letzte Schritt nach innen/das Tor zur
Selbstfindung**

R  20  die Verbindung zur Seele/zu Gott erneuern

**Der erste Schritt nach außen zur Verwirklichung**

G  3  den inneren Frieden als Geschenk zum Wir hinaus-
      tragen

### Die Verwirklichung

**Wege nach außen, zum Du und zum Wir**

I  10  loslassen lernen, Freiraum geben

T  9  Toleranz

---

\* Pflichtthema zum Du = Geburtsmonat, Wir = Geburtsjahr, Seele =
Seelenzahl

# Lernstufen

**Ich-Bereich**

13    Wandlung wollen

14    Selbstdisziplin, neue Wege nach innen finden

**Mitte**

34/7    durch inneren Frieden & Seelenpflichterfüllung* > Ego überwinden

37/10    durch inneren Frieden & Selbstlosigkeit > innere Freiwerdung, erwartungsloses und bedingungsloses und unabhängiges Ichsein erobern

**Du- und Wir-Bereich**

47/11    durch selbstlose Pflichterfüllung zum Du und Wir* > spirituelles Erwachen

56    LEBENSAUFGABE

## Namenszahl: Lebensaufgabe = 56

**Entwicklung und Umsetzung von**

Liebe & Selbsterkenntnis

mit Liebe erfüllte Selbstbewusstheit, „ich bin Liebe"

## Seelenzahl: Lebenssinn = 11

dem Ruf der Seele folgen, aus der Weisheit der Seele leben, spirituelles Erwachen in sich und um sich stärken

# MARTIN

## Wesenselemente
Innere Kräfte und Entwicklungsziele

### Die Suche

**Der Weg zum Ich**

M 13 Wandlungsbereitschaft

A 1 Eigenverantwortung, Selbstbestimmung, Mut zum Ichsein

### Die Kraft der Mitte: 11 Weisheit der Seele

**Die Schlüssel:**

2 Beziehung zu sich selbst aufbauen

9 Bewusstsein erweitern

**Der letzte Schritt nach innen/das Tor zur Selbstfindung**

R 20 die Verbindung zur Seele/zu Gott erneuern

**Der erste Schritt nach außen zur Verwirklichung**

T 9 Bewusstseinserweiterung, Toleranz zu sich und zu allen

### Die Verwirklichung

**Wege nach außen, zum Du und zum Wir**

I 10 loslassen lernen, Freiraum geben

N 14 neue Wege des Miteinanders und Füreinanders finden und vorleben

---

\* Pflichtthema zur Seele = Seelenzahl

## Lernstufen

## Namenszahl: Lebensaufgabe = 67

**Entwicklung und Umsetzung von**
Bewusstwerdung & Selbstlosigkeit

## Seelenzahl: Lebenssinn = 13

Wandlung, Transformation, bereit werden für eine andere Ebene
des Lernens

# MICHAELA

## Wesenselemente
Innere Kräfte und Entwicklungsziele

### Die Suche

**Der Weg zum Ich**

| | | |
|---|---|---|
| M | 13 | Wandlungsbereitschaft |
| I | 10 | Sehnsucht nach Unabhängigkeit und innerer Freiheit |
| CH | 8 | nach Geborgenheit und innerem Halt suchen |

### Die Kraft der Mitte: Willenskraft

**Das Tor zur Selbstfindung**

| | | |
|---|---|---|
| A | 1 | das eigene Potenzial anerkennen und entfalten und nutzen |

### Die Verwirklichung

**Wege nach außen, zum Du und zum Wir**

| | | |
|---|---|---|
| E | 5 | Liebe geben |
| L | 12 | Verständnis und Vergebung und Hilfe geben |
| A | 1 | sich für die Mitwelt einsetzen |

---

\* Pflichtthema zum Ich = Geburtstag, Du = Geburtsmonat, Wir = Geburtsjahr

# Lernstufen

**Ich-Bereich**

| | |
|---|---|
| 13 | Wandlung wollen |
| 23/5 | durch Beziehungsaufbau zu sich selbst & inneren Frieden > Liebe annehmen |
| 31/4 | durch Frieden & Mut zum Ichsein > Ich-Pflicht* erfüllen lernen |

**Mitte**

| | |
|---|---|
| 32/5 | durch Frieden in der Beziehung zu sich selbst > Liebe entfalten |

**Du- und Wir-Bereich**

| | |
|---|---|
| 37/10 | durch Wir-Gefühl & Selbstlosigkeit > loslassen lernen, Freiraum geben |
| 49/13 | durch Pflichterfüllung zum Du und Wir* & Toleranz > Wandlung erarbeiten |
| 50 | LEBENSAUFGABE |

## Namenszahl: Lebensaufgabe = 50

**Entwicklung und Umsetzung von**
Liebe & Offenheit
aus der Fülle des Herzens kreativ sein, bewusster Mitschöpfer der Realität sein

## Seelenzahl: Lebenssinn = 5

die Schwingung der Liebe in sich und um sich stärken, den Sinn des Lebens im Lieben-Lernen erkennen, aus Liebe zum Leben sich selbst verschenken, Erleuchtung > Erlösung

# MONIKA

## Wesenselemente
Innere Kräfte und Entwicklungsziele

### Die Suche

**Der Weg zum Ich**

| | | |
|---|---|---|
| M | 13 | Wandlungsbereitschaft |
| O | 16 | Offenheit für die Lektionen des Lebens, Lernbereitschaft |

### Die Kraft der Mitte: 6 Selbsterkenntnis

**Die Schlüssel:**

| | |
|---|---|
| 2 | Beziehung zu sich selbst aufbauen |
| 4 | Seelenpflicht* erfüllen |

**Der letzte Schritt nach innen/das Tor zur Selbstfindung**

| | | |
|---|---|---|
| N | 14 | Selbstdisziplin, neue Wege nach innen finden |

**Der erste Schritt nach außen zur Verwirklichung**

| | | |
|---|---|---|
| I | 10 | innere Freiheit finden und als Geschenk hinaustragen |

### Die Verwirklichung

**Wege nach außen, zum Du und zum Wir**

| | | |
|---|---|---|
| K | 11 | Erwachen der Spiritualität in sich und um sich stärken |
| A | 1 | sich für andere einsetzen |

---

\* und/oder: > einen Meister finden
\*\* Pflichtthema zum Du = Geburtsmonat, Wir = Geburtsjahr, Seele = Seelenzahl

# Lernstufen

**Ich-Bereich**

| | |
|---|---|
| 13 | Wandlung wollen |
| 29/11 | durch Toleranz in der Beziehung zu sich selbst > spirituelles Erwachen |

**Mitte**

| | |
|---|---|
| 43/7 | durch Seelenpflichterfüllung* & inneren Frieden > Ego-Überwindung |
| 53/8* | durch Liebe & inneren Frieden > inneren Halt finden |

**Du- und Wir-Bereich**

| | |
|---|---|
| 64/10 | durch Selbsterfahrung & Pflichterfüllung zum Du und Wir** > loslassen lernen, Freiraum geben, als Werkzeug Gottes dienen |
| 65 | LEBENSAUFGABE |

## Namenszahl: Lebensaufgabe = 65

**Entwicklung und Umsetzung von**
Bewusstwerdung & Liebe
die innere Welt mit Liebe erfüllen

## Seelenzahl: Lebenssinn = 11

aus der Weisheit der Seele leben, dem Ruf der Seele folgen, das Erwachen der Spiritualität in sich und um sich stärken

# NICOLE

## Wesenselemente
Innere Kräfte und Entwicklungsziele

### Die Suche

**Der Weg zum Ich**

| | | |
|---|---|---|
| N | 14 | Selbstdisziplin entwickeln, neue Wege nach innen suchen |
| I | 10 | Sehnsucht nach innerer Freiheit und Unabhängigkeit |

### Die Kraft der Mitte: 9 Weisheit des Herzens

**Die Schlüssel:**

| | |
|---|---|
| 2 | Beziehung zu sich selbst aufbauen |
| 7 | Ego-Überwindung |

**Der letzte Schritt nach innen/das Tor zur Selbstfindung**

| | | |
|---|---|---|
| C | 11 | auf die innere Stimme hören, spirituelles Erwachen |

**Der erste Schritt nach außen zur Verwirklichung**

| | | |
|---|---|---|
| O | 16 | offen und bereit sein für die Lernchancen des Lebens, lernen und lehren |

### Die Verwirklichung

**Wege nach außen, zum Du und zum Wir**

| | | |
|---|---|---|
| L | 12 | Verständnis und Vergebung und Hilfe geben |
| E | 5 | Liebe geben |

---

\* und/oder: > einen Meister finden
\*\* Pflichtthema zum Ich = Geburtstag

## Lernstufen

### Ich-Bereich

| | |
|---|---|
| 14 | Selbstdisziplin, neue Wege nach innen finden lernen |
| 24/6 | durch Beziehungsaufbau zu sich selbst & Ich-Pflichterfüllung** > sich selbst erkennen lernen |

### Mitte

| | |
|---|---|
| 35/8* | durch inneren Frieden & Liebe > inneren Halt finden |
| 51/6 | durch liebevolles Handeln > Bewusstwerdung steigern |

### Du- und Wir-Bereich

| | |
|---|---|
| 63/9 | durch Vermitteln der Selbsterfahrungen > Toleranz in sich und um sich stärken |
| 68 | LEBENSAUFGABE |

## Namenszahl: Lebensaufgabe = 68

**Entwicklung und Umsetzung von**
Selbsterkenntnis & innerer Halt

## Seelenzahl: Lebenssinn = 14

neue (Seelen-)Wege für die Meisterung der irdischen Aufgaben finden und vorleben und zeigen

# NORBERT

## Wesenselemente
Innere Kräfte und Entwicklungsziele

### Die Suche
**Der Weg zum Ich**

| | | |
|---|---|---|
| N | 14 | Selbstdisziplin entwickeln, neue Wege nach innen suchen |
| O | 16 | Lernbereitschaft |
| R | 20 | eine Verbindung zur Seele/zu Gott suchen |

### Die Kraft der Mitte: Beziehung zu sich selbst
**Das Tor zur Selbstfindung**

| | | |
|---|---|---|
| B | 2 | sich selbst begegnen, Selbstergänzung in sich finden |

### Die Verwirklichung
**Wege nach außen, zum Du und zum Wir**

| | | |
|---|---|---|
| E | 5 | Liebe geben |
| R | 20 | dem Du wertfrei begegnen |
| T | 9 | Toleranz |

# Lernstufen

**Ich-Bereich**

14      Selbstdisziplin, neue Wege nach innen finden lernen

30/3      durch Seelenfrieden > Körper und Geist und Seele verbinden lernen, optimales Hilfsmittel: Yoga

50/5      durch Liebe zur Seele/zu Gott > Liebe annehmen lernen

**Mitte**

52/7      durch Liebe & Beziehung zu sich selbst > Ego überwinden lernen

**Du- und Wir-Bereich**

57/12      durch Liebe & Selbstlosigkeit > verstehen und vergeben lernen

77/14      durch Selbstlosigkeit im Wollen & Denken > neue Wege zum Wir finden und vorleben und zeigen

86      LEBENSAUFGABE

## Namenszahl: Lebensaufgabe = 86

**Entwicklung und Umsetzung von**
innerem Halt & Selbsterkenntnis

## Seelenzahl: Lebenssinn = 14

neue (Seelen-)Wege zur Meisterung der irdischen Aufgaben finden und vorleben und zeigen

# OTHMAR

## Wesenselemente
Innere Kräfte und Entwicklungsziele

### Die Suche.

**Der Weg zum Ich**

O    16    Lernbereitschaft
TH  22    Sehnsucht nach anderen Welten, Träume als
                Wegweiser nutzen

### Die Kraft der Mitte: Wandlungsbereitschaft

**Das Tor zur Selbstfindung**

M    13    Transformation und Neuwerdung

### Die Verwirklichung

**Wege nach außen, zum Du und zum Wir**

A    1    sich für andere einsetzen
R    20    dem Du wertfrei begegnen

# Lernstufen

**Ich-Bereich**

16     Offenheit für die Weisheit des Lebens, Erfahrungen in Erkenntnisse umsetzen

38/11     durch Frieden & inneren Halt > Erwachen der Spiritualität

**Mitte**

51/6     durch Liebe & Mut zum Ichsein > Selbsterkenntnis

**Du- und Wir-Bereich**

52/7     durch Liebe zum Du > Ego-Überwindung üben

72     LEBENSAUFGABE

## Namenszahl: Lebensaufgabe = 72

**Entwicklung und Umsetzung von**
Selbstlosigkeit & Beziehungsbereitschaft
Ego-Überwindung für den/die Lernpartner

## Seelenzahl: Lebenssinn = 9

Toleranzgrenzen erweitern bis alles und alle darin Platz haben, aus der Weisheit des Herzens leben, die Schwingung der Toleranz in sich und um sich erhöhen

# PAULA

## Wesenselemente
Innere Kräfte und Entwicklungsziele

### Die Suche

**Der Weg zum Ich**

| | | |
|---|---|---|
| P | 17 | Suche nach der Wahrheit |
| A | 1 | persönlichen Willensfreiraum erobern, Mut zum Ichsein |

### Die Kraft der Mitte: Selbsterkenntnis

**Das Tor zur Selbstfindung**

| | | |
|---|---|---|
| U | 6 | alle Antworten in sich selbst finden |

### Die Verwirklichung

**Wege nach außen, zum Du und zum Wir**

| | | |
|---|---|---|
| L | 12 | Vergebung und Verständnis und Hilfe geben |
| A | 1 | sich für die Mitwelt einsetzen |

---

\* Pflichtthema zur Seele = Seelenzahl

# Lernstufen

### Ich-Bereich

17     Glaubensinhalte finden lernen, Ideale ausleben lernen

18     Ordnung in sich schaffen, innere Schatten besiegen lernen, Klarheit erlangen

### Mitte

24/6     durch Beziehungsaufbau zu sich selbst & Seelenpflichterfüllung* > Selbsterkenntnis finden

### Du- und Wir-Bereich

36/9     durch Vermitteln der eigenen Erfahrungen > Toleranz in sich und um sich erhöhen

37     LEBENSAUFGABE

## Namenszahl: Lebensaufgabe = 37

**Entwicklung und Umsetzung von**
Wir-Gefühl & Selbstlosigkeit

## Seelenzahl: Lebenssinn = 10

innere Freiheit, die Kunst des Loslassen leben, als Werkzeug Gottes dienen, Befreiung von dieser Lernebene

# PETER

## Wesenselemente
Innere Kräfte und Entwicklungsziele

### Die Suche

**Der Weg zum Ich**

P    17    Suche nach Wahrheit und Glaubensinhalten

E    5    Liebe annehmen

### Die Kraft der Mitte: Weisheit des Herzens

**Das Tor zur Selbstfindung**

T    9    Bewusstsein erweitern

### Die Verwirklichung

**Wege nach außen, zum Du und zum Wir**

E    5    Liebe geben

R    20    dem Du wertfrei begegnen, Gott in allem sehen lernen

---

\* Pflichtthema zur Seele = Seelenzahl

## Lernstufen

### Ich-Bereich
17 Glaubensinhalte finden lernen, Idealismus
ausblenden
22 über den irdischen Horizont hinausgelangen,
Träume als Wegweiser nutzen

### Mitte
31/4 durch Frieden im Handeln > Seelenpflicht erfüllen*

### Du- und Wir-Bereich
36/9 durch Vermitteln der Selbsterfahrungen > Toleranz
in sich und um sich steigern
56 LEBENSAUFGABE

## Namenszahl: Lebensaufgabe = 56
**Entwicklung und Umsetzung von**
Liebe & Selbsterkenntnis
mit Liebe erfüllte Selbstbewusstheit, „ich bin Liebe"

## Seelenzahl: Lebenssinn = 11
dem Ruf der Seele folgen, aus der Weisheit der Seele leben, spirituelles Erwachen in sich und um sich stärken

# REGINA

## Wesenselemente
Innere Kräfte und Entwicklungsziele

### Die Suche

**Der Weg zum Ich**

| | | |
|---|---|---|
| R | 20 | Beziehung zur Seele/zu Gott suchen |
| E | 5 | Liebe annehmen |

### Die Kraft der Mitte: 13 Wandlungsbereitschaft

**Der letzte Schritt nach innen/das Tor zur Selbstfindung**

| | | |
|---|---|---|
| G | 3 | inneren Frieden finden |

**Der erste Schritt nach außen zur Verwirklichung**

| | | |
|---|---|---|
| I | 10 | innere Freiwerdung erobern, dieses Freisein hinaustragen |

### Die Verwirklichung

**Wege nach außen, zum Du und zum Wir**

| | | |
|---|---|---|
| N | 14 | neue Wege des Miteinanders finden und vorleben |
| A | 1 | sich für die Mitwelt einsetzen |

---

\* und/oder: durch die Verbindung zu einem Meister >

\* \* und/oder: durch inneren Frieden & die Führung eines Meisters >

## Lernstufen

### Ich-Bereich

20 eine Beziehung zur Seele/zu Gott finden lernen

25/7 durch eine liebevolle Beziehung zu sich selbst > Ego überwinden lernen

### Mitte

28/10* durch Halt in der Beziehung zu sich selbst > innere Freiwerdung erlangen

38/11** durch inneren Frieden & Halt > spirituelles Erwachen

### Du- und Wir-Bereich

52/7 aus Liebe zum Du > Ego meistern lernen

53 LEBENSAUFGABE

## Namenszahl: Lebensaufgabe = 53

**Entwicklung und Umsetzung von**
Liebe & Wir-Gefühl
ein Bote der Liebe sein

## Seelenzahl: Lebenssinn = 8

die Schwingung der Harmonie in sich und um sich vermehren und/oder: durch die Führung eine spirituellen Meisters den irdischen Lebensplan verwirklichen

# RENATE

## Wesenselemente
Innere Kräfte und Entwicklungsziele

### Die Suche
**Der Weg zum Ich**

| | | |
|---|---|---|
| R | 20 | nach einer Beziehung zur Seele/zu Gott suchen |
| E | 5 | Liebe annehmen |

### Die Kraft der Mitte: 15 Selbstakzeptanz
**Der letzte Schritt nach innen/das Tor zur Selbstfindung**

| | | |
|---|---|---|
| N | 14 | Selbstdisziplin, neue Wege nach innen finden |

**Der erste Schritt nach außen zur Verwirklichung**

| | | |
|---|---|---|
| A | 1 | das eigene Potenzial anerkennen und entfalten und ausleben |

### Die Verwirklichung
**Wege nach außen, zum Du und zum Wir**

| | | |
|---|---|---|
| T | 9 | Toleranz |
| E | 5 | Liebe geben |

---

\* Pflichtthema zum Ich = Geburtstag, Du = Geburtsmonat, Wir = Geburtsjahr, Seele = Seelenzahl

## Lernstufen

**Ich-Bereich**

| | |
|---|---|
| 20 | eine Beziehung zur Seele/zu Gott aufbauen lernen |
| 25/7 | durch eine liebevolle Beziehung zu sich selbst > Ego überwinden lernen |

**Mitte**

| | |
|---|---|
| 39/12 | durch inneren Frieden & Bewusstseinserweiterung > Einverstandensein mit sich selbst |
| 40/4 | die Pflicht der Seele* erfüllen |

**Du- und Wir-Bereich**

| | |
|---|---|
| 49/13 | durch Pflichterfüllung zum Du und Wir* & Toleranz > Wandlung erreichen |
| 54 | LEBENSAUFGABE |

## Namenszahl: Lebensaufgabe = 54

**Entwicklung und Umsetzung von**
Liebe & Pflichtbewusstsein zum Ich + Du + Wir*

## Seelenzahl: Lebenssinn = 9

die Weisheit des Herzens mit der Liebe des Geistes verbinden, die Schwingung der Toleranz in sich und um sich erhöhen, die Bewusstseinsgrenzen erweitern bis alle und alles darin Platz findet

# ROLAND

## Wesenselemente
Innere Kräfte und Entwicklungsziele

### Die Suche
**Der Weg zum Ich**

| | | |
|---|---|---|
| R | 20 | eine Beziehung zur Seele/zu Gott suchen |
| O | 16 | Lernbereitschaft, Offenheit für alle Lernchancen des Lebens |

### Die Kraft der Mitte: 13 Wandlungsbereitschaft
**Der letzte Schritt nach innen/das Tor zur Selbstfindung**

| | | |
|---|---|---|
| L | 12 | sich selbst vergeben und verstehen, mit sich selbst einverstanden sein |

**Der erste Schritt nach außen zur Verwirklichung**

| | | |
|---|---|---|
| A | 1 | das eigene Potenzial anerkennen und entfalten und ausleben |

### Die Verwirklichung
**Wege nach außen, zum Du und zum Wir**

| | | |
|---|---|---|
| N | 14 | neue Wege des Miteinanders finden und vorleben |
| D | 4 | Pflicht gegenüber Du und Wir* erfüllen |

---

\* und/oder: durch Seelenpflichterfüllung & Führung eines Meisters >

\*\* Pflichtthema zum Du = Geburtsmonat, Wir = Geburtsjahr, Seele = Seelenzahl

# Lernstufen

### Ich-Bereich
| | |
|---|---|
| 20 | eine Beziehung zur Seele/zu Gott aufbauen lernen |
| 36/9 | durch inneren Frieden & Selbsterkenntnisse > Bewusstsein erweitern |

### Mitte
| | |
|---|---|
| 48/12* | durch Seelenpflichterfüllung** & inneren Halt > sich selbst verstehen und vergeben lernen |
| 49/13 | durch Seelenpflichterfüllung** & Bewusstseinserweiterung > Wandlung |

### Du- und Wir-Bereich
| | |
|---|---|
| 63/9 | durch Vermitteln der Selbsterkenntnisse > Toleranz in sich und um sich erhöhen |
| 67 | LEBENSAUFGABE |

## Namenszahl: Lebensaufgabe = 67
**Entwicklung und Umsetzung von**
Selbsterkenntnis & Selbstlosigkeit

## Seelenzahl: Lebenssinn = 13
Wandlung, Abschluss dieser Lernebene und bereit werden für einen Neubeginn

# ROMANA

## Wesenselemente
Innere Kräfte und Entwicklungsziele

### Die Suche

**Der Weg zum Ich**

R 20 nach einer Beziehung zur Seele/zu Gott suchen

O 16 Lernbereitschaft, offen für alle Lektionen des Lebens sein

### Die Kraft der Mitte: 14 Selbstdisziplin, Mut zu neuen Seelenwegen

**Der letzte Schritt nach innen/das Tor zur Selbstfindung**

M 13 Wandlungsbereitschaft

**Der erste Schritt nach außen zur Verwirklichung**

A 1 das eigene Potenzial anerkennen und entfalten und ausleben

### Die Verwirklichung

**Wege nach außen, zum Du und zum Wir**

N 14 neue Wege des Miteinanders finden und zeigen

A 1 sich für andere einsetzen

---

\* Pflichtthema zum Du = Geburtsmonat, Wir = Geburtsjahr, Seele = Seelenzahl

## Lernstufen

**Ich-Bereich**

20      eine Beziehung zur Seele/zu Gott aufbauen lernen

36/9      durch inneren Frieden & Selbsterkenntnis >
Bewusstsein erweitern

**Mitte**

49/13      durch Seelenpflichterfüllung* & Toleranz zu sich
selbst > Wandlung

50/5      durch Liebe zur Seele/zu Gott > Liebespotenzial erhöhen

**Du- und Wir-Bereich**

64/10      durch Selbsterkenntnisse & Pflichterfüllung zum Du
und Wir* > loslassen lernen, Freiraum geben

65      LEBENSAUFGABE

## Namenszahl: Lebensaufgabe = 65

**Entwicklung und Umsetzung von**
Selbsterkenntnis & Liebe
die innere Welt mit Liebe erfüllen

## Seelenzahl: Lebenssinn = 11

dem Ruf der Seele folgen, aus der Weisheit der Seele leben, das
spirituelle Erwachen in sich und um sich erhöhen

# SABINE

## Wesenselemente
Innere Kräfte und Entwicklungsziele

### Die Suche

**Der Weg zum Ich**

S 21 nach persönlichem Erfolg suchen

A 1 Mut zum Ichsein, eigenverantwortliches Handeln

### Die Kraft der Mitte: 12 Einverstandensein mit sich selbst, Hingabe

**Der letzte Schritt nach innen/das Tor zur Selbstfindung**

B 2 sich selbst begegnen, Selbstergänzung in sich selbst finden

**Der erste Schritt nach außen zur Verwirklichung**

I 10 innere Freiwerdung erobern, diese Freiheit als Geschenk hinaustragen

### Die Verwirklichung

**Wege nach außen, zum Du und zum Wir**

N 14 neue Wege des Miteinanders finden und vorleben

E 5 Liebe geben

---

\* Pflichtthema zur Seele = Seelenzahl

## Lernstufen

## Namenszahl: Lebensaufgabe = 53

**Entwicklung und Umsetzung von**
Liebe & Wir-Gefühl
ein Bote der Liebe sein

## Seelenzahl: Lebenssinn = 8

die Schwingung der Harmonie in sich und um sich stärken
und/oder: durch die Führung eines Meisters den irdischen Lebensplan verwirklichen

# STEFAN

## Wesenselemente
Innere Kräfte und Entwicklungsziele

### Die Suche

**Der Weg zum Ich**

S 21 nach persönlichem Erfolg suchen

T 9 Bewusstsein erweitern

### Die Kraft der Mitte: 22 Fantasie, Zugang zu anderen Welten, Öffnung nach innen und oben

**Der letzte Schritt nach innen/das Tor zur Selbstfindung**

E 5 den Sinn des Lebens im Lieben-Lernen erkennen

**Der erste Schritt nach außen zur Verwirklichung**

F 17 Glaubenskraft und Idealismus in die Welt hinaustragen

### Die Verwirklichung

**Wege nach außen, zum Du und zum Wir**

A 1 sich für die Mitwelt einsetzen

N 14 Vorbild für neue Wege des Miteinanders sein

---

\* und/oder: > einen Meister finden

# Lernstufen

**Ich-Bereich**

| | |
|---|---|
| 21 | Chancen für persönliche Erfolge nutzen |
| 30/3 | durch Yoga > Frieden finden lernen |

**Mitte**

| | |
|---|---|
| 35/8* | durch inneren Frieden & Liebe > inneren Halt finden |
| 52/7 | durch Liebe in der Beziehung zu sich selbst > Ego überwinden lernen |

**Du- und Wir-Bereich**

| | |
|---|---|
| 53/8 | ein Bote der Liebe sein > Harmonie verbreiten |
| 67 | LEBENSAUFGABE |

## Namenszahl: Lebensaufgabe = 67

**Entwicklung und Umsetzung von**
Selbsterkenntnis & Selbstlosigkeit

## Seelenzahl: Lebenssinn = 13

Wandlung, Abschluss dieser Lernebene, bereit werden für eine neue Dimension des Seins

# SUSANNE

## Wesenselemente
Innere Kräfte und Entwicklungsziele

### Die Suche

**Der Weg zum Ich**

| | | |
|---|---|---|
| S | 21 | nach persönlichen Erfolgen/Selbstbestätigung suchen |
| U | 6 | Innenwendung, nach Selbsterkenntnis suchen |
| S | 21 | an den eigenen Erfolg glauben |

### Die Kraft der Mitte: Willenskraft

**Das Tor zur Selbstfindung**

| | | |
|---|---|---|
| A | 1 | das eigene Potenzial anerkennen und entfalten und ausleben |

### Die Verwirklichung

**Wege nach außen, zum Du und zum Wir**

| | | |
|---|---|---|
| N | 14 | neue Wege zum Du finden |
| N | 14 | neue Wege zum Wir finden und vorleben |
| E | 5 | Liebe geben |

---

\* Pflichtthema zum Ich = Geburtstag, Seele = Seelenzahl

# Lernstufen

### Ich-Bereich

| | |
|---|---|
| 21 | Erfolgschancen nutzen lernen |
| 27/9 | durch Beziehung zu sich selbst & Ego-Überwindung > Bewusstsein erweitern |
| 48/12 | durch Ich-Pflichterfüllung* & inneren Halt > sich selbst verstehen und vergeben |

### Mitte

| | |
|---|---|
| 49/13 | durch Seelenpflichterfüllung* & Bewusstseinserweiterung > Wandlung |

### Du- und Wir-Bereich

| | |
|---|---|
| 63/9 | durch Vermitteln der Selbsterfahrungen > Toleranz in sich und um sich erhöhen |
| 77/14 | durch Ego-Überwindung im Wollen & Denken> neue Wege des Miteinanders finden und vorleben und zeigen |
| 82 | LEBENSAUFGABE |

## Namenszahl: Lebensaufgabe = 82

**Entwicklung und Umsetzung von**
innerer Halt & Beziehungsbereitschaft
Mittelwege zum Du finden, Harmonie in allen Lernpartnerschaften

## Seelenzahl: Lebenssinn = 10

innere Freiheit, die Kunst des Loslassens leben, als Werkzeug Gottes dienen, Befreiung von dieser Lernebene

# SYLVIA

## Wesenselemente
Innere Kräfte und Entwicklungsziele

### Die Suche

**Der Weg zum Ich**

S 21 nach persönlichen Erfolgen/Selbstbestätigung suchen

Y 10 Sehnsucht nach innerer Freiheit und Unabhängigkeit

### Die Kraft der Mitte: 18 Klarheit

**Der letzte Schritt nach innen/das Tor zur Selbstfindung**

L 12 mit sich selbst einverstanden sein

**Der erste Schritt nach außen zur Verwirklichung**

V 6 Selbsterkenntnisse gewinnen und danach leben

### Die Verwirklichung

**Wege nach außen, zum Du und zum Wir**

I 10 loslassen lernen, Freiraum geben

A 1 sich für die Mitwelt einsetzen

---

\* Pflichtthema zum Ich = Geburtstag, Seele = Seelenzahl

## Lernstufen

**Ich-Bereich**

21       Erfolgschancen nutzen lernen

31/4    durch inneren Frieden & Willenskraft > Ich-
           Pflichterfüllung*

**Mitte**

43/7    durch Seelenpflichterfüllung* & inneren Frieden >
           Ego überwinden lernen

49/13   durch Seelenpflichterfüllung* &
           Bewusstseinserweiterung > Wandlung

**Du- und Wir-Bereich**

59/14   durch Liebe & Toleranz > neue Wege des
           Miteinanders finden und vorleben

60        LEBENSAUFGABE

## Namenszahl: Lebensaufgabe = 60

**Entwicklung und Umsetzung von**
Selbsterkenntnis & Offenheit
die Gott-Gegenwart in sich (wieder)finden

## Seelenzahl: Lebenssinn = 6

die Schwingung der Bewusstwerdung in sich und um sich stärken

# THOMAS

## Wesenselemente
Innere Kräfte und Entwicklungsziele

### Die Suche
**Der Weg zum Ich**

TH 22 Fantasie, Meditation und Träume als Wegweiser

O 16 Lernbereitschaft, Offenheit für alle Lernchancen des Lebens

### Die Kraft der Mitte: Wandlungsbereitschaft
**Das Tor zur Selbstfindung**

M 13 Transformation und Neuwerdung

### Die Verwirklichung
**Wege nach außen, zum Du und zum Wir**

A 1 sich für andere einsetzen

S 21 Erfolg bei selbstlosen Vorhaben, öffentliche Anerkennung

# Lernstufen

**Ich-Bereich**

22      Zugang zu anderen Welten und Lernebenen finden lernen

38/11      durch inneren Frieden & Halt > spirituelles Erwachen

**Mitte**

51/6      durch Liebe & Mut sich selbst zu entdecken > Selbsterkenntnis steigern

**Du- und Wir-Bereich**

52/7      durch Liebe zum Du > Ego-Überwindung üben

73      LEBENSAUFGABE

## Namenszahl: Lebensaufgabe = 73

**Entwicklung und Umsetzung von**
Selbstlosigkeit & Wir-Gefühl
ein Bote der Selbstlosigkeit sein

## Seelenzahl: Lebenssinn = 10

innere Freiheit und Unabhängigkeit, die Kunst des Loslassens leben, als Werkzeug Gottes dienen, Befreiung von dieser Lernebene

# ULRIKE

## Wesenselemente
Innere Kräfte und Entwicklungsziele

### Die Suche

**Der Weg zum Ich**

U  6   sich selbst suchen
L  12  Verständnis für sich selbst entwickeln

### Die Kraft der Mitte: 3 Seelenfrieden

**Der Schlüssel:**

30   Yoga

**Der letzte Schritt nach innen/das Tor zur Selbstfindung**

R  20  die Beziehung zur Seele/zu Gott erneuern

**Der erste Schritt nach außen zur Verwirklichung**

I  10  innere Freiheit stärken und als Geschenk hinaustragen

### Die Verwirklichung

**Wege nach außen, zum Du und zum Wir**

K  11  spirituelles Erwachen in sich und um sich stärken
E  5   Liebe geben

---

\* und/oder: durch die geistige Verbundenheit mit einem Meister >

\*\* und/oder: durch Seelenpflichterfüllung und die Führung eines Meisters >

\*\*\* Pflichtthema zum Ich = Geburtstag, Du = Geburtsmonat, Wir = Geburtsjahr, Seele = Seelenzahl

# Lernstufen

### Ich-Bereich
6       sich selbst begegnen lernen

18      Ordnung und Klarheit in sich schaffen lernen

### Mitte
38/11*    durch inneren Frieden & Halt > Erwachen der
Spiritualität steigern

48/12**   durch Seelenpflichterfüllung* & inneren Halt > sich
selbst vergeben lernen

### Du- und Wir-Bereich
59/14    durch Liebe & Toleranz > neue Wege des
Miteinanders finden und vorleben

64      LEBENSAUFGABE

## Namenszahl: Lebensaufgabe = 64
**Entwicklung und Umsetzung von**
Selbsterkenntnis & Pflichtbewusstsein (Ich + Du + Wir)***

## Seelenzahl: Lebenssinn = 10
innere Freiheit, die Kunst des Loslassens leben, als Werkzeug Gottes
dienen, Befreiung von dieser Lernebene

# VERENA

## Wesenselemente
Innere Kräfte und Entwicklungsziele

### Die Suche

**Der Weg zum Ich**

| | | |
|---|---|---|
| V | 6 | sich selbst suchen |
| E | 5 | Liebe annehmen |

### Die Kraft der Mitte: 7 Selbstlosigkeit

**Die Schlüssel:**

| | |
|---|---|
| 2 | Beziehung zu sich selbst aufbauen |
| 5 | lieben um der Liebe willen |

**Der letzte Schritt nach innen/das Tor zur Selbstfindung**

| | | |
|---|---|---|
| R | 20 | die Verbindung zur Seele/zu Gott erneuern |

**Der erste Schritt nach außen zur Verwirklichung**

| | | |
|---|---|---|
| E | 5 | den Sinn des Lebens im Lieben-Lernen und Liebe-Schenken erkennen |

### Die Verwirklichung

**Wege nach außen, zum Du und zum Wir**

| | | |
|---|---|---|
| N | 14 | neue Wege des Miteinanders finden und vorleben |
| A | 1 | sich für die Mitwelt einsetzen |

---

\* Pflichtthema der Seele = Seelenzahl

# Lernstufen

### Ich-Bereich

6      sich selbst begegnen lernen
7      ego-bezogene Vorstellungen erkennen und überwinden lernen

### Mitte

19      positives Wollen & Denken, Zufriedenheit
28/10*      durch Balance in der Beziehung zu sich selbst > innere Freiwerdung stärken

### Du- und Wir-Bereich

33/6      ein Bote des Friedens sein > Bewusstwerdung in und um sich erhöhen
53      LEBENSAUFGABE

## Namenszahl: Lebensaufgabe = 53

**Entwicklung und Umsetzung von**
Liebe & Wir-Gefühl
ein Bote der Liebe sein

## Seelenzahl: Lebenssinn = 8

die Schwingung der Harmonie in sich und um sich erhöhen
und/oder: durch Führung eines Meisters den Lebensplan verwirklichen

# WOLFGANG

## Wesenselemente
Innere Kräfte und Entwicklungsziele

### Die Suche

**Der Weg zum Ich**

| | | |
|---|---|---|
| W | 6 | nach Selbsterkenntnis suchen |
| O | 16 | Lernbereitschaft, Offenheit für alle Lektionen des Lebens |
| L | 12 | nach (Selbst-)Verständnis suchen |

### Die Kraft der Mitte: 20 Verbindung zu Gott

**Der letzte Schritt nach innen/das Tor zur Selbstfindung**

| | | |
|---|---|---|
| F | 17 | Glaubensinhalte finden |

**Der erste Schritt nach außen zur Verwirklichung**

| | | |
|---|---|---|
| G | 3 | inneren Frieden als Geschenk hinaustragen |

### Die Verwirklichung

**Wege nach außen, zum Du und zum Wir**

| | | |
|---|---|---|
| A | 1 | sich für andere einsetzen |
| N | 14 | neue Wege des Miteinanders finden und vorleben |
| G | 3 | Begegnungsbereitschaft, dem Wir dienen |

---

\* Pflichtthema zum Ich = Geburtstag, Seele = Seelenzahl

# Lernstufen

**Ich-Bereich**

| | |
|---|---|
| 6 | sich selbst begegnen lernen |
| 22 | Fantasie, Meditation und Träume als Wegweiser nutzen lernen |
| 34/7 | durch inneren Frieden & Ich-Pflichterfüllung* > Ego-Bezogenheit überwinden |

**Mitte**

| | |
|---|---|
| 51/6 | durch Liebe & Erkenntnis der Eigenverantwortung > Selbsterkenntnis finden |
| 54/9 | durch Liebe & Seelenpflichterfüllung* > Bewusstsein erweitern |

**Du- und Wir-Bereich**

| | |
|---|---|
| 55/10 | durch Liebe im Wollen und Denken > loslassen lernen, Freiraum geben |
| 69/15 | durch Bewusstwerdung & Toleranz > persönliche Ganzheit erobern |
| 72 | LEBENSAUFGABE |

## Namenszahl: Lebensaufgabe = 72

**Entwicklung und Umsetzung von**
Selbstlosigkeit & Beziehungsbereitschaft
Selbstlosigkeit in Beziehungen

## Seelenzahl: Lebenssinn = 9

die Schwingung der Toleranz in sich und um sich erhöhen, aus der Wcisheit des Herzens leben

# YOGANANDA

## Wesenselemente

## Kräfte & Ziele für den spirituellen Weg

Y 10     Freisein von allen Bindungen, als Werkzeug Gottes dienen

O 16     lehren

G 3     Frieden verbreiten

A 1     selbstloses Handeln

N 14     neue Wege zur Meisterung des Irdischen vorleben und zeigen

A 1     sich für die Mitwelt einsetzen

N 14     neue Seelenwege zu Gott vorleben und zeigen

D 4     Dharma* erfüllen

A 1     alle Kraft den Mitlebewesen schenken

## Spirituelle Aufgabe: 64
**Selbst- = Gott-Erkenntnis als Dharma vorleben**

## Seelenziel: 10
den Weg der Befreiung zeigen
**Wiedervereinigung des Ichs mit der Ewigkeit**

---

* Dharma ... Pflicht/Funktion des Menschseins = Gott-Erkenntnis und Heimkehr

*...einem Lichtstrahl folgen*
*ins Land der Träume*

*... ein Schlupfloch finden*
*ins Reich der Fantasie*

*um*
*ein Lächeln lang*
*frei zu sein*
*von*
*Form und Name*

# Anhang

Foto: Marcel Gonzales Ortis

## Über die Autorin

Die Autorin, Winnie Musil ~ Vimaladevi, geb. 1955, ist Therapeutin, Texterin und Vortragende in verschiedenen spirituellen Wissensgebieten und hat durch jahrelange Seminartätigkeiten zu einer praxisnahen und leicht verständlichen Form der Erkenntnisvermittlung gefunden.

# STEINE und ihre Namenszahl

## alphabetische Reihung

| | | | |
|---|---|---|---|
| Achat | *19* | Elestial | *75* |
| Amazonit | *71* | Epidot | *61* |
| Amethyst | *81* | Falkenauge | *75* |
| Ametrin | *72* | Fluorit | *90* |
| Andalusit | *78* | Gagat | *17* |
| Apatit | *47* | Girasol | *83* |
| Aquamarin | *85* | Granat | *48* |
| Aventurin | *85* | Hämatit | *51* |
| Azurit | *53* | Heliotrop | *113* |
| Bergkristall | *126* | Hiddenit | *64* |
| Bernstein | *100* | Howlith | *74* |
| Beryll | *61* | Jadeit | *39* |
| Chalcedon | *71* | Jaspis | *80* |
| Charoit | *64* | Kalzit | *50* |
| Chrysokoll | *126* | Karneol | *79* |
| Chrysopras | *134* | Kunzit | *57* |
| Danburit | *66* | Kyanit | *55* |
| Diamant | *52* | Labradorit | *95* |
| Dumortierit | *122* | Lapislazuli | *109* |

| | | | | |
|---|---|---|---|---|
| Larimar | 77 | Serpentin | 115 |
| Lavendelquarz | 112 | Skapolith | 110 |
| Malacin | 54 | Smaragd | 63 |
| Moldavit | 71 | Sodalith | 86 |
| Mondstein | 106 | Sonnenstein | 143 |
| Moosachat | 85 | Sugilith | 84 |
| Moqui Marbles | 138 | Tigerauge | 62 |
| Nephrit | 75 | Tigereisen | 102 |
| Obsidian | 78 | Titanit | 62 |
| Onyx | 55 | Topas | 64 |
| Opal | 46 | Türkis | 77 |
| Peridot | 81 | Turmalin | 85 |
| Prehnit | 83 | Ulexit | 57 |
| Pyrit | 66 | Unakit | 51 |
| Rauchquarz | 88 | Zitrin | 70 |
| Rhodochrosit | 148 | Zoisit | 73 |
| Rhodonit | 97 | Zölestin | 94 |
| Rosenquarz | 129 | | |
| Rubin | 52 | | |
| Saphir | 69 | | |
| Sarder | 71 | | |
| Selenit | 76 | | |

# STEINE und ihre Namenszahl

## Reihung nach Namenszahl

| | | | | |
|---|---|---|---|---|
| Gagat | 17 | Tigerauge | 62 |
| Achat | 19 | Titanit | 62 |
| Jadeit | 39 | Smaragd | 63 |
| Opal | 46 | Charoit | 64 |
| Apatit | 47 | Hiddenit | 64 |
| Granat | 48 | Topas | 64 |
| Kalzit | 50 | Danburit | 66 |
| Hämatit | 51 | Pyrit | 66 |
| Unakit | 51 | Saphir | 69 |
| Diamant | 52 | Zitrin | 70 |
| Rubin | 52 | Amazonit | 71 |
| Azurit | 53 | Chalcedon | 71 |
| Malachit | 54 | Moldavit | 71 |
| Kyanit | 55 | Sarder | 71 |
| Onyx | 55 | Ametrin | 72 |
| Kunzit | 57 | Zoisit | 73 |
| Ulexit | 57 | Howlith | 74 |
| Beryll | 61 | Elestial | 75 |
| Epidot | 61 | Falkenauge | 75 |

| | | | | |
|---|---|---|---|---|
| Nephrit | 75 | Rhodonit | 97 |
| Selenit | 76 | Bernstein | 100 |
| Larimar | 77 | Tigereisen | 102 |
| Türkis | 77 | Mondstein | 106 |
| Andalusit | 78 | Lapislazuli | 109 |
| Obsidian | 78 | Skapolith | 110 |
| Karneol | 79 | Lavendelquarz | 112 |
| Jaspis | 80 | Heliotrop | 113 |
| Amethyst | 81 | Serpentin | 115 |
| Peridot | 81 | Dumortierit | 122 |
| Girasol | 83 | Bergkristall | 126 |
| Prehnit | 83 | Chrysokoll | 126 |
| Sugilith | 84 | Rosenquarz | 129 |
| Aquamarin | 85 | Chrysopras | 134 |
| Aventurin | 85 | Moqui Marbles | 138 |
| Moosachat | 85 | Sonnenstein | 143 |
| Turmalin | 85 | Rhodochrosit | 148 |
| Sodalith | 86 | | |
| Rauchquarz | 88 | | |
| Fluorit | 90 | | |
| Zölestin | 94 | | |
| Labradorit | 95 | | |

# TAGESQUALITÄTEN

### günstig für :

| | |
|---|---|
| 1 | Neubeginn, Projektstart, Eröffnungen, Selbstdurchsetzung |
| 2 | Zeit fürs Du |
| 3 | Zeit fürs Wir, Gespräche, Gruppenunternehmungen |
| 4 | Arbeiten erledigen, Pflichterfüllung |
| 5 | Liebe, kreativ sein |
| 6 | Selbsterkenntnisse, Prüfungen |
| 7 | Selbstüberwindung, Selbstbeherrschung, Konzentrationsübungen |
| 8 | Gesundheit, Erholung, wieder in Balance kommen |
| 9 | Toleranz, Bewusstseinserweiterung, Lebensphilosophisches |
| 10 | Reisen, Veränderungen, Loslösungen, Befreiungsaktionen |
| 11 | Spirituelles, Orakel, nach innen hören/Sensitives (z. B.: Karten legen) |
| 12 | Vergebung, Verständnis, Nächstenliebe, Hilfsbereitschaft, Spenden |
| 13 | Wandlungen, Altes abschließen > loslassen > für Neues bereit werden |
| 14 | neue Wege suchen und finden, Selbstdisziplin, Lehr- und Vorbildaufgaben |
| 15 | Selbstakzeptanz, Selbstachtung, „heute will ich mich ganz besonders lieben" |

| 16 | Lernen, Einweihung (Schritt in die nächste Lernstufe) |
|----|---|
| 17 | Glauben, Wahrheitssuche, Idealismus |
| 18 | Ordnung schaffen, Klarheit finden, innere und äußere Lichtarbeit |
| 19 | positives Denken, Glück, Zufriedenheit stärken und Freude ausstrahlen |
| 20 | Offenheit für neue Beziehungen, Verbindung zur Seele/zu Gott pflegen |
| 21 | Karriere, Erfolg, Chancen nutzen |
| 22 | Meditation, Träume, Astralreisen |
| 23 | gesellschaftliche Treffen, Aktivitäten mit Freunden, liebevolles Miteinander |
| 24 | Einstellung zum Du überdenken, Partnerberatung/ an der Beziehung arbeiten |
| 25 | Ego-Überwindung aus Liebe zum Du, Selbstlosigkeit üben |
| 26 | aus Beziehungen über sich selbst lernen, Mitte zwischen Ich und Du finden |
| 27 | ego-bezogene Erwartungen ans Du loslassen und Toleranz üben |
| 28 | Beziehungen wieder in Balance bringen, Veränderungen als Chancen sehen |
| 29 | Toleranz durch das Du lernen und zur Weisheit der Seele finden |
| 30 | Friedenskonferenz, Yoga, Neubeginn für Gruppen |
| 31 | Gruppendynamik, etwas für das Wir tun |

## Wesenselemente

### Die Selbstsuche – mein Weg nach innen

| Buchstabe | Zahl | meine Kräfte & Entwicklungsziele fürs Ich |
|-----------|------|-------------------------------------------|
|           |      |                                           |
|           |      |                                           |
|           |      |                                           |
|           |      |                                           |
|           |      |                                           |
|           |      |                                           |
|           |      |                                           |
|           |      |                                           |

## Wesenselemente

### Meine Kraft der Mitte

| Buchstabe | Zahl | |
|-----------|------|--|
| | | |

bei 2 Mittelbuchstaben    mein Tor zur Selbstfindung:

| | | |
|--|--|--|
| | | |

mein erster Schritt zur Verwirklichung:

| | | |
|--|--|--|
| | | |

| | | |
|-----------|--|----------------------------|
| Summe | | **meine Kraft der Mitte:** |
| Summe | | |
| Schlüssel 1 | | |
| Schlüssel 2 | | |

# Wesenselemente

## Die Verwirklichung – mein Weg nach außen

| Buchstabe | Zahl | meine Kräfte & Entwicklungsziele fürs Ich |
|-----------|------|-------------------------------------------|
|           |      |                                           |
|           |      |                                           |
|           |      |                                           |
|           |      |                                           |
|           |      |                                           |
|           |      |                                           |

# Besondere Chancen und Prüfungen

## Begabungen

| Buchstabe | Zahl | Kraft + Ziel |
|-----------|------|--------------|
| 2x | | |
| Summe | | führt zu: |
| 2x | | |
| Summe | | führt zu: |

## Berufung

| | | |
|---|---|---|
| 3x | | |
| Summe | | führt zu: |

## Prüfung

| | | |
|---|---|---|
| 4x | | |
| Summe | | führt zu: |

## Die Botschaft meines Namens

# Lernstufen

**Ich + Mitte + Du/Wir**

| Zahl | Ziel | durch Entwicklung von *Zahl* > *Ziel*: |
|------|------|------|
|  |  |  |
|  |  |  |
|  |  |  |
|  |  |  |
|  |  |  |
|  |  |  |
|  |  |  |
|  |  |  |
|  |  |  |
|  |  |  |
|  |  |  |
|  |  |  |
|  |  | letzte Lernstufe siehe nächstes Blatt > Lebensaufgabe |

# Die Botschaft meines Namens

## Lebensaufgaben und Sinn

letzte Lernstufe

| | |
|---|---|
| | **Namenszahl/Lebensaufgabe** |

Entwicklung + Umsetzung von:

| | |
|---|---|
| | |
| | |

Quersumme

| | |
|---|---|
| | **Seelenzahl/Lebenssinn** |
| | |

Volle Namenszahl

| | |
|---|---|
| | **Beitrag zum Wir** |

Entwicklung + Umsetzung von:

| | |
|---|---|
| | |
| | |
| | |

Quersumme Vermehrung/Verstärkung/Verbreitung von:

| Beitrag | | |
|---|---|---|

## Pflichten

Geburtsdatum

| TAG | | **ICH-Pflicht:** |
|---|---|---|
| | | |

| MONAT | | **DU-Pflicht:** |
|---|---|---|
| | | |

| JAHR | | **WIR-Pflicht:** |
|---|---|---|
| Summe | | |

### AKTUELLE JAHRESAUFGABE

| innen | | Vornahmenszahl + Jahreszahl |
|---|---|---|
| Lektion | | |
| Kräfte: | | |
| | | |
| | | |
| | | |

| außen | | volle Namenszahl + Jahreszahl |
|---|---|---|
| Lektion | | |
| Kräfte: | | |
| | | |
| | | |
| | | |

## Partnerschaftsauswertung 1

| Partner/Vorname: |
|---|

**Gleichklang – gemeinsame Kräfte**

| Buchstabe | Zahl | Kraft + Ziel |
|---|---|---|
|  |  |  |
| Summe |  | führt zu: |
|  |  |  |
| Summe |  | führt zu: |
|  |  |  |
| Summe |  | führt zu: |

| Meine Lerngeschenke: | | |
|---|---|---|
|  |  |  |
|  |  |  |
|  |  |  |
|  |  |  |
|  |  |  |

| Die Lerngeschenke meines Partners: | | |
|---|---|---|
|  |  |  |
|  |  |  |
|  |  |  |
|  |  |  |
|  |  |  |

## Partnerschaftsauswertung 2

**Partner/Vorname:**                    NZ:

**Innere Lernaufgabe**

NZ1 + NZ2

Entwicklung und Umsetzung von:

Quersumme

**Innerer Sinn der Beziehung**

**AKTUELLE JAHRESAUFGABE: innere Entwicklung**

|          | NZ1 + NZ2 + Jahreszahl |
|----------|------------------------|
| Lektion  |                        |
| Kräfte:  |                        |
|          |                        |
|          |                        |
|          |                        |

# Die Botschaft meines Namens

## Partnerschaftsauswertung 3

**Partner/Vor- und Zuname:**

VNZ:

### Äußere Lernaufgabe

VNZ1 + VNZ2

| | Entwicklung und Umsetzung von: |
|---|---|
| | |
| | |
| | |

Quersumme

| | **Äußerer Sinn der Beziehung** |
|---|---|
| | |

### AKTUELLE JAHRESAUFGABE: äußere Entwicklung

| | | VNZ1 + VNZ2 + Jahreszahl |
|---|---|---|
| Lektion | | |
| Kräfte: | | |
| | | |
| | | |
| | | |

# Die Zahlenzuordnung

| | | | | |
|---|---|---|---|---|
| A, Ä | 1 | O, Ö | 16 |
| B | 2 | P, PH | 17 |
| C | 11 | Q | 19 |
| D | 4 | R | 20 |
| E | 5 | S | 21 |
| F | 17 | SCH, SH | 18 |
| G | 3 | T | 9 |
| H, CH | 8 | TH | 22 |
| I, J | 10 | TS, TZ | 18 |
| K | 11 | U, Ü, V, W | 6 |
| L | 12 | X | 15 |
| M | 13 | Y | 10 |
| N | 14 | Z | 7 |

(der Sanskrit-Buchstabe) OM . . . . . . . . . . .0

# DIE ZAHLENBEDEUTUNGEN

**0**  Neues, Offenheit, Wertfreiheit, Leere, Stille, Seele, Ewigkeit, Einssein, Gott

**1**  Ich, Willens- und Tatkraft, Mut, Eigenverantwortlichkeit, Initiative, selbstloses Handeln, YANG-Kraft

**2**  Du, Beziehungsbereitschaft, Lernen aus dem Du, (Ver)Bindung/Partnerschaft, Dualität – Polarität, Selbstergänzung

**3**  Wir, Begegnungsbereitschaft, Friede, Lernen aus dem Wir, Kommunikation/Verständigung, Vereinigung, Wir-Gefühl/geistige Verbundenheit, Vermittler/Bote sein

**4**  Pflichtbewusstsein, (Wandlungs)Arbeit, Strebsamkeit, Fleiß

**5**  Liebe, den Sinn des Lebens im „lieben lernen" erkennen, selbstlos lieben und geben, Erleuchtung/Erlösung

**6**  Innenwendung, Selbstsuche, -erfahrung, -erkenntnis, nachdenken, prüfen und geprüft werden, Selbstbewusstheit, Bewusstwerdung

**7**  Selbstüberwindung, Sieg über das Ego, Selbstbeherrschung, Selbstlosigkeit

**8**  Harmonie, Mitte/Gleichgewicht/innerer Halt, Heilsein, Geborgenheit, Geben und (An)Nehmen in Balance, YIN und YANG

**9**  Toleranz, die Weisheit des Herzens mit der Liebe des Geistes verbinden, Bewusstseinserweiterung

**10**  Veränderungsbereitschaft, (innere) Freiwerdung, loslassen, Mut zu Neuem, als Werkzeug Gottes dienen („Dein Wille geschehe!")

**11** Spiritualität, die innere Stimme an- und erhören, Intuition, Sensitivität, Weisheit der Seele

**12** Vergebung, (Ein)Verständnis, Nächstenliebe, Demut, Hilfs- und Dienstbereitschaft, Sanftmut, Hingabe, Dankbarkeit, YIN-Kraft

**13** Wandlung, Läuterung, Persönlichkeitstransformation, Altes abschließen und bereit werden für Neues

**14** Selbstdisziplin, Vorbild und Lehrer sein, neue Wege finden und zeigen

**15** Selbstakzeptanz, Selbstmeisterung und -verwirklichung, Ganzheit

**16** Lernbereitschaft, (leidvolle) Erfahrungen zu Erkenntnissen umsetzen, lernen und lehren

**17** Glaubenskraft, Idealismus, Wahrheitsliebe, Hoffnung

**18** Klarheit, innere Schatten besiegen (Ängste, Zweifel, Unwissenheit), Ordnung in sich und um sich schaffen, Lichtarbeit

**19** Zufriedenheit, Glück, positives Denken, Freude

**20** Seelenverbundenheit, dem Du wertfrei begegnen, Gott im Du sehen, Beziehung zur Seele/zu Gott

**21** Erfolgsdenken, Ehrgeiz, Karriere

**22** Fantasie, Visionskraft, Träume/Meditation/Astralreisen Magie, die Grenzen des Irdischen überwinden, neue Horizonte und Welten erobern, Inspiration, Öffnung nach innen und oben

Pete A. Sanders

## Das Handbuch übersinnlicher Wahrnehmung
**Übersinnliche Fähigkeiten entdecken und trainieren**
**Feinfühligkeit, Intuition, Hören innerer Stimmen, Hellsehen, Aurasehen und Selbstheilung**

Der Mensch ist eine Seele, die einen Körper hat, lautet die Botschaft dieses Buches. Es zeigt uns, auf welche Weise wir grenzenlos sind und danach streben, unser volles Potenzial und unser höheres Wissen zu leben.

Die Welt der inneren Weisheit ist real, und jeder kann ein Teil von ihr sein, denn alle Menschen haben bisweilen Fähigkeiten, die über das Gewohnte hinausgehen. Doch nur wenige wissen, dass es möglich ist, diese Sensitivität bewusst zu nutzen.

Übersinnliche Wahrnehmung kann eines der größten Abenteuer unseres Lebens sein. Beim medialen Fühlen dient der Körper als übersinnliche Antenne. Die Intuition erweist sich für das innere Wissen als ständige Informationsquelle. Mediales Hören ist die Stimme, die aus unserem Inneren spricht. Die Gabe des Hellsehens sowie das Wahrnehmen der Aura gehören ebenfalls zu diesen erweiterten Wahrnehmungsbereichen.

288 Seiten · ISBN 3-89385-444-4 · www.windpferd.de

Fons Delnooz/Patricia Martinot

## Spirituelle Hilfe
**Für die persönliche Entwicklung und für Menschen, die anderen helfen**

Menschen, die im Rahmen ihres Berufes anderen helfen, stoßen oft an institutionelle Grenzen. Sie wollen tiefer dringen. Das Gleiche gilt für die Betreuten. Alle wollen mit ihrer inneren Quelle Verbindung aufnehmen. Dieses Buch zeigt den Weg nach innen, zum tiefsten Kern, der weiß, was wir im Leben erreichen wollen und wie wir Probleme lösen können. Dort finden wir Liebe, Geborgenheit und Wahrheit. Wir alle betreuen irgendwann andere Menschen – als Eltern, Lehrer, Freunde, Geschwister ... Darum sollten wir den Weg nach innen kennen und ihn anderen zeigen.

Dieses Buch geht ausführlich auf die spirituellen Aspekte der Hilfeleistung ein. Es wendet sich nicht nur an „Profis", sondern an alle Menschen, die anderen helfen wollen, ihre Probleme durch den Kontakt mit dem inneren Kern zu lösen: an Therapeuten und Patienten, an Eltern und Partner, an Lehrer, die auch die spirituelle Entwicklung ihrer Schüler fördern wollen, und an Schüler, die nicht nur an Schulwissen interessiert sind.

192 Seiten · ISBN 3-89385-453-3 · www.windpferd.de